·三峡大学宜昌市社会管理法治化研究丛书·

现代城市管理机制创新实证研究

——以宜昌城市管理为例

曾鹏　邓海娟　范姣艳　王长益　著

厦门大学出版社

国家一级出版社

全国百佳图书出版单位

总　　序

　　宜昌，是全国地市中难得的同时兼获全国文明城市、国家环保模范城市、国家卫生城市、中国优秀旅游城市、国家园林城市、全国双拥模范城市、中国十佳宜居城市、全国科技进步先进城市、全国知识产权工作示范城市等称号的城市。2013年，宜昌更是历史性地在全省同级城市中首捧全国综治最高奖项——"长安杯"。这是全国12年一评的重量级奖项，宜昌因而成就了城市荣誉的"大满贯"。结合三峡大学"双服务方针"，三峡大学2012年成立了宜昌市社会管理法治化三峡大学协同创新中心，该中心的研究成员不仅有三峡大学法学与公共管理学院的部分专家教授，还有三峡大学其他学院和宜昌市实务部门的一些理论功底深厚的领导和专家。之所以组建这样一支强大的队伍，并将其成果以丛书的方式推出，就是为了对宜昌社会管理法治化问题进深入研究，以更好地推进宜昌市特大城市建设的步伐，推进三峡城市群的快速建设与发展。

　　组织出版一套以某一区域社会管理为主要研究对象的丛书，是一项十分艰巨的任务，尽管研究队伍就生活在宜昌，其中很多成员也曾经或正在参与宜昌的社会管理，但所收集到的信息难免挂一漏万，理论分析也难免有不足之处，真诚地希望广大读者给我们批评、建议，帮助我们把这套丛书出好。

"三峡大学宜昌市社会管理法治化研究丛书"
编委会

前 言

诗人荷尔德林说,最理想的生活状态是诗意栖居。宜昌位于北纬30度,长江中下游,地处长江上游与中游的接合部,鄂西秦巴山脉和武陵山脉向江汉平原的过渡地带,山水相伴,气候宜人,底蕴深厚,同时宜昌位于武汉和重庆之间,是闻名遐迩的水电之都,宜昌以其独特的区位优势、资源优势和产业优势,经济实力仅次于武汉,位居全省第二。独特的自然环境和经济发展优势为宜昌宜居奠定了良好的基础。但是一座城市的宜居,除了自然地理的因素,其背后更多的是一个城市在长期发展过程中的艰辛和努力,是一个城市在发展时期,通过城市管理在城市文明和实力方面的提高。

宜昌市历来十分重视城市管理工作,在宜昌市委市政府的正确领导下,城市管理部门积极发挥职能作用,在规划部门、环保等相关部门的通力协作下,宜昌城市管理取得了卓越成就,使宜昌这座中小城市在我国城市管理中体现了自身鲜明的特点,表现为在目标上立志高远、追求卓越,在理念上提出并践行"法治城管、服务城管、人民城管、科学城管、廉洁城管、文化城管"的城市管理理念,在模式上采用"以创新机制体制为根本,内抓管理,外建和谐、夯实基础、突破难点"的管理模式,在运行机制上创建"数字化管理机制,网格化管理机制,部门联动机制,社会动员机制,机械化、市场化作业机制,高效协调机制,检查督办机制,应急管理机制,监督考核机制",在手段上采用行政、经济和法律的综合管理手段,并最终向城市管理的六化迈进,即"规范化、服务化、社会化、效能化、廉洁化、文明化"。

宜昌城市管理的不断创新,锐意进取,使宜昌在城市建设上取得了有目共睹的骄人成绩,获得全国文明城市、国家环保模范城市、国家卫生城市、中国优秀旅游城市、国家园林城市、全国双拥模范城市、中国十佳宜居城市、全国科技进步先进城市、全国知识产权工作示范城市等称号。2013年,宜昌更是历史性地在全省同级城市中首捧全国综治最高奖项——"长安杯"。这是全国12年一评的重量级奖项,宜昌因而成就了城市荣誉的"大满贯"。

2013年11月12日,党在十八届三中全会《中共中央关于全面深化改革若干重大问题的决定》中明确指出,要理顺城管执法体制、提高执法水平,表明了党中央对城市管理工作的高度重视。在这一社会背景下,我们组成课题组对宜昌城市管理工作进行观察和研究,以获取经验、发现不足,并最终促进宜昌城市管理在未来获得更大的发展。

目　录

第一章　宜昌城市管理的理念和特色 ... 1
　　一、宜昌城市管理的理念 ... 1
　　二、宜昌城市管理的特色 ... 20

第二章　宜昌城市管理的体制和机制 ... 33
　　一、宜昌城市管理的体制 ... 33
　　二、宜昌城市管理的机制 ... 39

第三章　宜昌城市管理的基本模式 ... 52
　　一、创新体制机制 ... 52
　　二、夯实城管基础 ... 53
　　三、破解城管难点 ... 55
　　四、严抓城管队伍 ... 57
　　五、构建和谐城管 ... 58

第四章　宜昌城市管理的手段 ... 60
　　一、宜昌城市管理的行政手段 ... 60
　　二、宜昌城市管理的法律手段 ... 65
　　三、宜昌城市管理的经济手段 ... 67

第五章　宜昌城市管理的突出成效 ... 69
　　一、坚持法治先行，夯实了法治城管理念 ... 69
　　二、巩固改革成果提升了城市管理水平 ... 71
　　三、抓好创城迎检，提升了宜昌世界水电旅游名城形象 ... 73
　　四、狠抓"四项整治"，进一步改善了城市环境 ... 75
　　五、注重公众参与，构建了和谐城管新路径 ... 82
　　六、规范工作状态考核，实现了考评优化升级 ... 85
　　七、完善了城市管理投入机制，提升了城市管理现代化水平 ... 87
　　八、扎实推进人民满意城管建设，群众满意度稳步提升 ... 89

第六章　宜昌城市管理的不足及完善……………………………… 92
　　一、宜昌城市管理存在的问题……………………………………… 92
　　二、完善宜昌城市管理的建议……………………………………… 99
附　相关专题材料……………………………………………………… 127
参考文献………………………………………………………………… 178
后记……………………………………………………………………… 180

第一章
宜昌城市管理的理念和特色

一、宜昌城市管理的理念

城市管理理念是城市政府及其社会管理机构管理城市事务时的基本精神、宗旨、价值观和管理哲学等标志的抽象。城市管理理念是城市管理文化的核心和灵魂,是城市管理者的管理思想、管理意识和管理观念的总和,是城市管理者管理行为的思想指导。城市管理水平的高低、管理功效的高低,归根结底要受管理理念的引导和制约,管理理念陈旧和落后,势必阻碍城市的发展,相反,正确的管理理念能够极大地推动城市的发展。宜昌市城市管理者为实现城市管理的质的飞跃,适应现阶段城市管理的需要,提出并践行"法治城管、服务城管、人民城管、科学城管、廉洁城管、文化城管"的城市管理理念。

诗人荷尔德林说,最理想的生活状态是诗意栖居。[①] 宜昌城市管理,经过多年孜孜不倦的追求和努力,在创造宜居特色,追求安居乐业、诗意栖居城市的目标下,取得了显著的成效,体现了鲜明的现代城市管理理念。

(一)目标高远,追求卓越

城市是社会经济发展的产物,是区域人口和经济、社会、文化设施高度集中的地域,是政治、经济、社会活动高度集中的场所,同时又是社会经济发展历史过程的体现。按照城市系统理论,城市管理是指以城市这个开放的复杂系统为对象,以城市基本信息流为基础,运用决策、计划、组织、指挥、协调、控制等一系列机制,采用法律、经济、行政、技术等手段,通过政府、市场与社会的互动,围绕城市运行和发展进行的决策引导、规范协调、服务和经营行为。广义

---

① 《诗意地栖居在大地上》,载《中国教育报》2010年4月17日第3版。

的城市管理是指对城市一切活动进行管理,包括政治的、经济的、社会的和市政的管理。狭义的城市管理通常就是指市政管理,即与城市规划、城市建设及城市运行相关联的城市基础设施、公共服务设施和社会公共事务的管理。而城市基础设施、公共服务设施和社会公共事务的运行则构成了城市经济社会发展的环境。城市管理对城市经济社会发展具有基础性的作用,成为衡量城市发展水平的重要标志之一。

城市管理的主体主要是政府,政府根据城市发展的实际情况制定城市发展的目标、政策、具体实施措施,对城市这个复杂开放的系统进行有效的管理。城市管理不仅是治理,而是包括更广大的内涵,其对象包括:(1)对有形物资的管理。第一,对土地的管理。土地的管理就是对城市规模、城市规划、城市功能分区与城市发展趋势的管理。对土地的管理直接调控着城市的发展重心和侧重。第二,对生产资料的管理。城市的整体运作是一个复杂的系统,生产资料是城市运行过程中必需的"加工原料"。没有对生产资料合理有效的管理,政府制定的各种政策、管理方案都不能真正地得到实现。(2)对无形事物的管理。第一,对城市文化的管理。第二,对数字化城市的管理。城市的数字化,城市管理的数字化。第三,对人的管理。包括:家庭单元的划分,由家庭单元组成的社区;社会分工的划分,由其在城市这架巨型机器中所承担的具体分工划分[①],等等。对人在城市中不同的身份划分能够产生大量不同的城市管理模式,每个模式都会凸现与其他城市管理模式不同的特征。

城市发展战略是对城市发展方向与模式的预想,是城市短期目标与长期目标的统一。发展战略的选择与制定是前瞻性与持续性的有机结合。城市管理最终要贯彻城市的发展战略,因此城市管理也应当具有前瞻性与持续性。城市管理不仅要解决现存的问题,而且要预想到未来可能产生的问题,做好预警;同时城市管理的各种措施要有始有终,保持连贯性和持续性,最大限度地利用城市资源。

宜昌市结合社会经济发展规划,以建立"副省域"城市为中心,服务"既大又强、特优特美"特大城市建设为需要,确立了"全省第一、全国一流"城市管理目标,力争建设"全国一流明星城市"。围绕此项目标,宜昌市坚持创建文明城市,追求城市管理的高水平、高标准。科学规划,积极进取,促进了宜昌城市管

---

① 彭博:《公众参与城市管理的模式探讨——综合集成研讨厅体系应用研究》,载《新西部(下半月)》2008年第1期。

第一章　宜昌城市管理的理念和特色

理工作的健康快速发展。

宜昌市在文明城市创建,取得了很大成效。但是,创建文明城市的过程本身就是宜昌城市发展的过程。宜昌市在创建文明城市过程中,不为创建而创建,不为荣誉而创建,不为政绩而创建,始终坚持把创建过程当作一个不断发展的过程,一个不断创新的过程,一个不断提高的过程。通过精心设计创建活动载体,真正让创建过程变成城市整体文明程度大提升的过程,从而实现优化发展环境、改善城乡面貌、提高生活品质,塑造城市形象、增强城市竞争力的目的。例如,为推动争创全国文明城市工作全面展开,宜昌市明确提出了"完全有序、整洁美观、文明和谐"的城市管理工作目标,树立"把城市当家管"的工作理念。宜昌市委、市政府对开展争创全国文明城市工作进行广泛动员和周密部署,按照"以块为主,条块结合,纵向到底,横向到边"的原则,将创建任务分解到城区各区和市直各有关责任单位,明确责任主体、创建目标任务和责任领导,着力建立了"市区联创、重心下移,以块为主、条块结合"的创建目标责任新体系,为全面推进争创全国文明城市工作奠定了良好的工作基础。

因此,从 2005 年的"五城市联创"开始,到现在全国文明城市创建,城市管理基础条件越来越好。一是城市基础设施改造为城市管理提供了良好载体。宜昌城市骨架日益舒展,城市运行日益有序,道路"黑化"、管线下地城市运行质量日益提高。通过旧城改造、新区配套,市民生活更加舒适。二是群众基础得到加强。宜昌素有全民创建、创建为民的传统,群众对改变城市面貌的愿望十分迫切,群众参与文明城市创建的热情也有大幅提高。基层组织建设不断强化,社区、街道参与城市管理的能力有较大提升。市区财力明显增强,解决群众关心的热点难点问题条件好转。三是行业指标稳步增长,主要指标超过了文明城市的标准。例如,宜昌城区绿化率、绿地覆盖率、人均公园面积等园林指标分别达到 35.56％、40.88％、10.88 平方米,道路排水维护及时率、合格率达到 100％,生活垃圾无害化处理率达到了 89.88％。正是这些文明创建活动,促进宜昌市城市环境不断改善,城市管理取得了骄人成效。宜昌市获得国家园林城市、国家卫生城市、全国环保模范城市称号等都比株洲早 1—2 年,城市管理的基础条件整体条件不弱于株洲。① 宜昌市是全国地市中同时兼获众多殊荣的为数不多的城市之一。

---

① 宜昌市城管局:《宜昌:市城管局扎实推进城市管理服务创新》,http://www.hb-cic.gov.cn,2013 年 10 月 25 日。

因此,在长远目标和宏观战略的指导下,宜昌市城市管理工作走上了一条追求卓越,实现跨越式发展的道路。随着宜昌市文明创建活动的成果日益丰富,宜昌市容环境秩序不断得到改善,城市文明程度明显提升,城市形象逐步提升。高远的目标和卓越的追求,成为宜昌市城市管理发展水平不断提高的重要原因之一,也展示了宜昌市城市管理的一个最基本的特点。

(二)创新理念,与时俱进

现代城市管理的特征首先体现在城市管理理念的进步。城市管理理念的先进性与科学性,体现了城市社会发展的水平。现代化城市管理,是一种建立在现代物质文明基础之上的,运用现代管理手段,为城市活动和发展提供科学的民主的法制保障,以实现最大综合效益的政府行为。现代化城市管理是以城市的长期稳定协调发展和良性运行为目标,以人、财、物、信息等各种资源为对象,对城市运行系统作出的综合性协调、规划、控制和建设活动。现代社会管理最重要的是实现社会管理观念从"管理"到"服务"的转变。城市管理的主要目的是为了协调、强化城市功能,保证城市发展计划的实施,促进城市社会与人类的健康发展。①

宜昌是全国社会管理创新的35个试点城市之一,是湖北省唯一的全国社会管理创新综合试点城市。宜昌市正是以科学发展观统领全局,在城市管理中,依靠现代城市管理理念,不断创新城市管理理念和模式,提出了社会管理理念新观念"一本三化",即:以人为本的网格化管理、信息化支撑、全程化服务,全面提升城市管理的效率和质量。

社会管理理念决定了社会管理的方式。宜昌市城市管理局作为宜昌市城市建设的重要责任部门,抓住社会管理创新试点机遇,改革城市管理工作机制,在全国城市管理行业率先探索社会管理创新的新机制。

在实践中,宜昌市城市管理吸取全国乃至世界先进经验,大胆创新,构建符合宜昌实际,有宜昌特色的"大城管"模式。建立市区联动,突破管理地域的束缚,通过城市管理工作的网格化、信息化、联动化,实现城市管理模式创新。这种创新的管理模式主要是通过如下几个步骤来实现的:

1. 以网格化管理夯实社会管理基础。创新城市管理模式,全面推行网格化管理,推动各类社会服务资源在网格这个基本单元上集聚整合,为打造全方

---

① 黄科宏:《我国现代城市管理基本理念探讨》,载《广西城镇建设》2008年第10期。

位、动态式、便捷高效的服务格局奠定了坚实基础。一是科学合理划分网格。为改变过去社区规模大、管不到、管不好、管不细的状况，宜昌市按照"街巷定界、规模适度、无缝覆盖、动态调整"的原则，把城区121个社区划分为1110个网格，每个网格配备一名网格管理员（各负责200～300户居民），每人配发一部集通信定位、信息采集、文件传送、数据录入、资料查询和远程操作等于一体的3G无线信息终端——社区e通，形成市、区、街道、社区、网格"五级服务管理"。二是同步搭建"数字网格"。实地划分社区网格后，在网上对电子地图同步进行社区网格的细分、编号，并将人、房、物、事、组织等有效整合和关联，形成"网上网下"一致的社区网格。三是创新组织管理体系。为适应网格化管理的需要，创新街办、社区体制设置，街道综合设置便民服务中心、综治信访维稳中心、网格管理中心"三个中心"，社区对应成立"三个站"，加上社区专职工作者、网格管理员、志愿者"三支队伍"，街办、社区实现从过去的多科室体制向综合整合、多位一体的"三个三"基层服务管理新体制转变，基层基础力量显著增强。

2. 以信息化技术创新社会管理平台。充分发挥现代信息技术在社会管理创新中的基础性、关键性作用，全面推进以网格为基础的整个社会管理服务信息数字化，构建全市统一、动态更新、联通共享、功能齐全的社会管理综合信息平台。该平台的主要架构：一是人口、房屋两大基础信息库。全市以实有人口和实有房屋的常态服务管理为基础，以社区网格为基本单元，分别建立了涵盖自然人和法人，包括公安、民政、计生、医疗、社保等各个方面内容的人口基础信息库，涵盖产权房、非产权房和城市部件、统一地址信息的房屋基础信息库。在此基础上，利用空间地理信息技术（GIS），对人口、房屋两大基础信息进行空间化处理，人房关联、归属明确，全面动态、开放共享，极大提升了城市社会管理的精度、准度和速度。二是综合服务管理、专业服务管理两大应用系统。依托人口基础信息库和房屋基础信息库，通过网格采集和部门采集的互补互动、关联比对，有效融合和集成了以身份证号为唯一代码，包含13大类119个子项的综合服务管理系统。各职能部门依托综合服务管理系统，结合工作实际衍生建立了人口信息对接管理、食品生产销售网格化、城市管理、社会矛盾化解、家政服务、消防应急等专业服务管理信息应用系统。三是网络监管中心。在市电子政务办设立网络监管中心，集中存储和处理各类基础信息，统一调度和指挥各项信息流、业务流的流转，实时监察和督办各级各部门及网格员的服务流程和服务质效。

3. 以全程化服务再造社会管理流程。全市在创新管理过程中始终坚持以人为本、服务为先，充分利用网格化管理基础和信息化平台支撑，寓管理于服务中，通过"一对接两跟进"（主动对接社会管理综合信息系统，跟进服务、跟进管理），创新工作方式，再造工作流程，提高管理水平，提升服务质量。一是推行全程服务。通过人口信息、部门资源及工作流程的有效整合，把社会服务贯穿于常住人口的生命周期和流动人口的生活周期全过程。二是推行并联服务。把自下而上的服务需求串联响应变更为市直、区直、街道并联响应，按需提供快捷服务。三是推行扁平服务。将社会管理事务由过去多层次逐级落实转变为社区、街道、部门"扁平化"联动操作，流程不断优化，环节大大减少。四是推行双代服务。通过合理赋权和流程再造，社区干部、网格员为职能部门代理事务、为群众代办事宜，提高了管理服务效率。五是推行错时服务。中午工作延时2个小时、下午工作延时1个小时，节假日实行预约服务，与群众日常生活密切相关的400多项服务在社区一级即可落到实处。①

因此，结合中心城区划分的1110个网格和配备的1110个网格管理员，宜昌市组建了城市管理监督指挥中心、应急管理指挥处置中心和社会矛盾联动化解中心，分别承担城市管理日常业务统一指挥、及时处置和联动化解工作职能，实行"三心合一"的复合型运行管理体系。同时归并内部15条服务热线，自行开发将市长信箱、局长信箱、政风行风热线、社会矛盾化解网、公众诉求网等并网管理的软件，深化城市管理进社区，实现城市管理信息化、服务扁平化②、部门联动化，初步达到了群众呼声不"落地"、网格服务有"回声"的工作目标，极大提升了群众诉求处理效能。全年通过市城市管理监督指挥中心综合信息平台，市城市管理局共受理群众关于城市管理的诉求达到10934件，结案9898件，结案率达到90.5%，提高30%，群众满意度大幅提升。另外，在市政府工作部门中，市政府率先组建法律顾问室，作为第三方提供法律咨询，集

---

① 湖北省卫生与计划生育委员会调研组：《关于宜昌市社会管理创新试点的调查与思考》，http://www.hbpop.gov.cn/web/web2011/show.aspx?id=47434，2013年11月5日访问。

② 扁平化管理是指通过减少管理层次、压缩职能部门和机构、裁减人员，使企业的决策层和操作层之间的中间管理层级尽可能减少，以便使企业快速地将决策权延至企业生产、营销的最前线，从而为提高企业效率而建立起来的富有弹性的新型管理模式。它与传统的金字塔状的企业管理模式相对立。

体会商重大案件事件,参与信访接待,推动社会矛盾联动化解。①

在实践工作中,宜昌市城市管理局组织普查城市部件40.1万个,建成视频监控、指挥调度等9大应用系统,建立任务派遣处置体系,城市管理问题基本做到第一时间发现和处置。2012年以来受理案件3.8万件,结案率达98.2%。同时,创新考评机制,实施目标管理,实行第三方考评,建立日检查、周考核、月评价的考评制度,设立1400万元奖惩资金,2012年以来考评52次,考评工作步入科学化、常态化、绩效化轨道。

总之,宜昌市创新城市管理理念贯穿在城市管理的各个具体环节。尤其是网格化管理,作为一种新的管理方式,不仅使城市管理更精细,街道和社区的管理服务能力更强,而且让更多的居民享受到了政府全方位、贴身的公共服务。通过这些创新活动,创新的城市管理方式,给宜昌市城市的发展注入了现代科技的因素,便利了城市管理的发展,宜昌市城市管理水平不断提升,逐步走上全国城市管理先进行列,成为宜昌市城市管理最引人注目的特点。

(三)体制改革,科学城管

现代城市的发展和进步需要城市管理体制不断改革。一方面,现代城市的快速发展,要求与之相应的管理体制必须与时俱进,并在不影响城市功能正常发挥的条件下作出适当调整;另一方面,科学、规范、合理的城市管理体制,能够促进整个城市健康有序的发展。调整城市管理体制,合理配置要素资源,促进城市管理体制更加科学合理的发展,是现代城市管理的必然趋势。

宜昌市从本市政体管理体制的现状和其所处的环境出发,虚心吸取株洲、武汉、咸宁等城市管理经验,并根据市政府安排,联合市城管局、财政局,对城市管理体制进行了专题调研,努力完善宜昌城市管理体制。科学城管要求城市管理采用科学的方法,避免资源浪费、效率低下和执法扰民的管理。这包括:(1)管理体制科学。将现代化的科技手段和城管管理各职能部门的工作有机衔接,建立一套现代化支撑、精细化操作、法制化管理、联合化参与的城市管理体制。(2)管理的运行机制科学。完善数字管理工作机制和网格化管理机制,实现城市管理由人工化向智能化升级。完善考核奖惩机制,使考核工作步入科学化、常态化、绩效化轨道,调动各部门单位参与城市管理工作的主动性

---

① 《宜昌市城管局服务大局,中心工作实现历史性突破》,http://www.cn3x.com.cn,2013年11月5日访问。

和积极性。(3)管理的方式科学。采用企业部门成功的管理方法和竞争机制,推进市场化和机械化作业方式的运用,提高环境卫生作业、市政设施维护、公园绿地作业等管养效率和质量。

长期以来,宜昌市管理体制不统一。宜昌城市管理体制实行"一城三制",即西陵、伍家岗为市区两级共管,点军、猇亭和开发区为区级独管,葛洲坝辖区为市城管局托管。管理体制的多样性,带来工作落实的复杂性与协调难。同时,权责关系不对等也是必须解决的问题。例如在城管执法上,虽然市级成立了城管执法局,区级成立了城管执法分局,但人事管理权、财力支配权等均在市级,执法责任却由区级承担。权责分离,既不利于综合执法的有效监督和管理,也不利于充分调动区级执法的积极性,在执法实践中经常出现"管得着的看不见,看得见的管不着"问题。另外,管干分离不彻底。市城管局所辖环卫处、绿化处、市政处虽已成立作业公司,但公司与各职能处实行"两块牌子、一套班子",名曰分离,实为一体,导致政企不分、事企不分,不利于形成开放有序、公平竞争、优胜劣汰的城管作业市场环境。

根据湖北省对城市管理体制改革的总体要求,2011年湖北省政府出台《关于加强和创新城市管理工作的通知》,对深化城市管理体制改革提出了新的要求,即"强化属地管理,推进重心下移",对市区两级城市管理职责进行了明确界定,"市级政府负责研究制定城市管理制度、行业政策和专项规划,确定城市管理目标任务、工作计划、考核办法、作业标准,组织考核、评比和奖惩,对涉及全局性、方向性、整体性以及跨地域、跨部门、跨行业的重大事项进行管理、监督和协调。区级政府负责落实市政府制定的管理制度、政策,管理本级职能规定的事项,包括组织养护作业、城管执法等。街道办事处负责落实区政府分解的各项城市管理工作,组织指导社区居委会和小区业主委员会积极参与各项城市管理活动"。

2013年3月宜昌市城市管理局会同中共宜昌市委、宜昌市财政局、宜昌市人力资源和社会保障局共同制定颁布《宜昌城区城市管理体制改革实施细则》,就宜昌市城市管理体制改革的全面实施开展工作。根据此实施细则规定,宜昌市确立城市管理体制改革总体方针:全面落实科学发展观和党代会精神,遵循城市管理基本规律,按照"分级管理、重心下移、管干分离、市场运作"思路,进一步理顺市区两级城市管理职责,赋予城区政府更大的城市管理权限,强化城区政府在城市管理中的主体作用,建立责权利划分明晰,人财物配置合理,市管全局、区管具体、条块互动、运转高效的城市管理新体制,为宜昌现代化特大城市建设创造安全有序、整洁美观、文明和谐的城市环境。依此确立了宜昌市城市管理体制改革的四条原则：

(1)分级管理，重心下移。市政府负责确定城市管理总体目标、年度重点目标以及考核办法、管理规范与行业标准，组织、协调、指导区级政府开展城市管理、城管执法工作并进行监督考核，负责跨区域综合执法的指挥调度和重大案件的查处工作。区政府在市里统一领导下，负责辖区城市管理及综合执法的日常管理工作，加强对街道办事处(乡镇)城市管理工作的指导和监督检查。城市管理及行政执法实行属地管理，市区联动，以区为主。

(2)分工明确，权责一致。坚持责任与权力相一致，事权与财权相匹配，科学界定市区城管责任、职能和权限，做到责随权移、费随事转，充分调动各方面参与城市管理的积极性，形成强大工作合力。

(3)管干分离，市场运作。坚持社会化、市场化、专业化改革方向，在市政设施维护、园林绿化养护、环境卫生作业等领域，推行管理权与作业权相分离，形成管理效能化、建设市场化、作业专业化的城市管理新格局。

(4)稳步推进，注重实效。充分考虑既得利益群体心理承受能力，对体制调整中涉及的人员安置、工资福利待遇问题，实行"老人老办法、新人新办法"，下放人员工资福利按下放前的财政供养方式暂不改变，待遇标准暂不改变，确保体制调整顺利进行。

在实际操作中，首先进行了单位拆分划转。按照行政区域，将市城市管理监察支队、原市政设施维修管理处、原市环境卫生管理处相应的管理和作业机构拆分划转到各区和宜昌高新区。其次，进行了人员调配划转。宜昌市城管体制改革，共涉及划转人员1011人。划转到各区、宜昌高新区共814人，划转到西陵区406人，划转到伍家岗区360人，划转到猇亭区21人，划转到点军区15人，划转到宜昌高新区12人，划转到市桥梁隧道管理处、市固废处置管理中心在编在岗人员37人，市城市管理监察支队保留44人，其他保留在市级的在编在岗人员82人。

此次人员调转，涉及人员多，规模大。体制调整后，划转到各区的人员的身份不变、职级不变、待遇不减。用工主体发生变更的划转聘用人员，合同改为与各区签订，工作年限连续计算。人员调转后，事权资产经费随之划转。

通过上述措施，宜昌市城市管理体制改革取得了显著成果，科学合理机制初步形成。其一，建立了综合协调机制。市城管委代表市政府对城市管理和组织协调实行统一领导、统一决策、统一指挥。落实市城管委工作规则，实现市城管委议事工作经常化、制度化。市城管委办公室要充分发挥作用,切实履行工作职责,统筹组织落实市城管委交办的任务。市城管委各成员单位要认真贯彻落实市城管委决策部署,服从市城管办的统筹协调和组织指挥,围绕城市管理总体要求,各司其职、各负其责、密切配合、协同联动,形成权责对应、条块结合、齐抓共管的良好局面,共同维护城市管理运行的良好秩序。同时,不断拓宽与各机构沟通渠道,努力调动其参与宜昌城市管理的积极性。各区及宜昌开发区也要成立区城市管理委员会,发挥相应的职能作用。其二,建立了经费投入机制。市区财政要将城市管理经费纳入年度预算计划,在科学核定基数的基础上,根据城市管理中长期规划、城市经济发展水平、管护任务增量和城市管理标准的提高,逐年增加预算,确保增幅高于本级财政一般预算实际增幅。市区城市管理资金分配比例和分配数额,由市财政局按照事权与财权相统一原则,会同有关部门测算核定后,切块下达,直拨到区财政。区财政城市管理经费投入情况纳入全市城市管理考评,形成长期、稳定的投入机制。其三,建立了考核奖惩机制。将城市管理工作纳入市政府目标管理考核体系,由市城管办制定城市管理系列标准、工作制度和考核办法,并代表市政府和市城管委会同相关部门对城区政府、开发区管委会和市城管委成员单位实施考核。设立2500万元城市管理奖励专项资金,其中西陵区、伍家岗区、夷陵区、开发区各400万元,点军区、猇亭区各200万元,市财政同步配套500万元,实行专户管理。对城市各区、开发区每月一次考核排名,兑现奖惩;对相关单位和部门每半年一次考核排名,年终兑现奖惩。考评结果定期在公众媒体上发布。城区政府、开发区管委会所得奖励资金60%要用于城市管理及维护,40%用于奖励先进单位和个人。其四,建立了作业竞争机制。逐步建立作业任务公开招标、作业质量达标和作业队伍市场清退等制度。积极培育市场主体,鼓励和扶持有资质、有能力的社会单位和个人参与城管维护作业竞争。现有园林绿化、道路保洁等城管维护作业任务,三年内在市内定向招标,确定作业队伍;三年后,面向市场公开招标,择优选择养护队伍,实现"花钱买服务,养事不养人"。

因此,通过城市管理体制改革,形成了"市管全局,区管具体"的市区两级城市管理体制架构,基本建立了城区城市综合管理体制新框架层级:即顶层由市城管委宏观统筹,中层由市区两级城管部门分别承担管理与作业任务,基层由1100个社会网格组成城市管理单元,宏观上实现了从"小城管"向"大城管"的跨越。实现了"现代城市管理体制更加完善,指挥有力、反应快速、处置及

第一章 宜昌城市管理的理念和特色

时、运转高效的管理格局基本形成"城市管理体制机制改革目标。建立了优化综合管理模式,优化了监督指挥体制等。实现了宜昌市城市管理体制改革的新局面。

体制改革是宜昌市管理发展的必然结果,也顺应了全国行政管理体制改革的潮流。更重要的是,通过体制改革,进一步提高了城市管理的效率,真正实现了科学城管,效率城管。宜昌市城市管理体制改革,反映了宜昌城市管理体制的创新与发展,也体现了宜昌市城市管理在当代的又一特点。

(四)依法行政,法治城管

依法行政,建设法治城管,就是使城管一切工作在法治轨道上运行。法治城管是完善城市管理的根本途径,其概念简单但内涵丰富,不仅包含理念的传播,还包括制度的完善、秩序的构建等。

法治的基本内容是有法可依、有法必依、执法必严、违法必究。宜昌市在城市管理活动中,遵循依法行政的理念,坚持法治城管。

1. 健全法制,有法可依。宜昌市在城市管理中以法制先行,在贯彻落实国家行政管理及城市管理法律法规(如《行政强制法》、《行政处罚法》、《行政复议法》、《行政许可法》、《城乡规划法》、《城市市容和环境卫生管理条例》、《城市排水许可管理办法》、《无照经营查处取缔办法》、《国家卫生城市标准》、《城市建筑垃圾管理规定》、《城市容貌标准》、《城市绿化条例》)的基础上,遵守湖北省城市管理规范,如《湖北省行政执法条例》、《湖北省行政执法证件和行政执法监督检查证件管理办法》、《湖北省城市绿化实施办法》、《湖北省城市市容和环境卫生管理条例》、《湖北省城市道路管理实施办法》、《湖北省城市管理执法队伍教育培训管理办法》等。同时,制定了符合宜昌市城市管理特点的一系列规范,健全了制度体系。这些规范既包括城市管理专门性规范,如《宜昌市城区园林绿化企业资质名单》、《城市园林绿化企业资质管理办法》、《城市古树名木保护管理办法》、《宜昌市城市管理市民手册》、《宜昌市城区市容和环境卫生管理实施细则》、《宜昌市城区菜市场管理办法》、《宜昌市城区夜景灯光管理办法》、《宜昌市城市容貌标准》、《宜昌市城区户外广告和招牌设置管理办法》、《宜昌市城市管理局关于发布城区道路等级的公告》、《宜昌市中心城区门店招牌设置技术规定》等,也包括行政执法规范,如《宜昌市市直机关"庸、懒、散、软"行为问责暂行办法》、《宜昌市城市管理局行政审批、行政处罚、行政强制、行政复议工作规程》、《宜昌市城市管理执法局关于加强全市城管协管员管理的通知》《宜昌市城市管理局关于进一步明确城市管理行政审批相关事项的通知》《宜昌市城区城市管理行政执法实施办法》等。

2. 依法行政，严格执法。《国务院全面推进依法行政实施纲要》规定："行政机关实施行政管理，应当依照法律、法规、规章的规定进行；没有法律、法规、规章的规定，行政机关不得作出影响公民、法人和其他组织合法权益或者增加公民、法人和其他组织义务的决定。"宜昌市在城市管理中，严格遵守行政执法主体合法、权限合法、内容合法、程序合法，在严格执法维护城市管理秩序的同时，在自由裁量领域合理执法，严格遵照行政执法规范和要求，取得了良好的效果。具体采取了如下措施：一是加强法制教育。邀请法学专家、教授讲解《宪法》《行政强制法》等法律法规，增强干部职工法律素养，2012年以来共组织学习15次，参学人数达2200人次。开展城管执法课题调研，提高法律应用能力和水平。通过加强法律培训和研究，进一步增强了"办事依法、遇事找法、处理问题用法、化解矛盾靠法"的法治意识。二是健全制度体系。为贯彻落实好涉及城市管理的33部法律法规，以执法"四制"为基础，制定法律顾问、行政自由裁量权行使标准等制度，再造行政审批、行政执法、行政强制、行政复议流程，发布《宜昌市城市容貌标准》等规范性文件，进一步规范了执法行为。2012年以来办理案件6478起，应诉52起，错案率和败诉率为零。三是规范队伍管理。积极推行"五统一三规范"的准军事化管理，全市城管执法队伍以"城管监察"命名，开展执法案卷评查，出台"五要十不准"禁令，封闭式轮训全市612名执法队员，评选"人民群众满意城管执法队员"，进一步提升了文明执法水平，没有出现违法执法、粗暴执法现象。

为了城市管理执法更规范，宜昌市城市管理局组织经常工作人员系统学习全国、省和地方法律规范，以保障城市管理执法程序和行为合法合规。组建专业巡查力量，集中履行城区市政、环卫、绿化、城管执法巡查职能，全天不间断巡查城市管理问题，消除监管时间空档。推行城管执法进社区，组建社区城管小分队，基本实现日常小事不出社区、一般事情不出街办。同时，强化社会参与。把涉及城市管理的29个执法部门全部纳入民主评议政风行风单位，集体接受考评。建立公众诉求平台，24小时接受群众监督。聘请300多名市容环卫和交通安全义务监督员，赋予其现场处罚权，依法维护市容环境和交通秩序。组织近万名志愿者上街开展文明劝导，依法纠正不文明行为。通过本地主流媒体加大城市管理宣传力度，动员群众现场抓拍不文明行为，在媒体上开设曝光台强化监督。另外，按照"过程考核、动态扣分、经济奖罚、行政追责"原则,对各个城区政府和各窗口单位分别收取 50 万元、10 万元保证金,将问题整改、落实长效管理等情况纳入考核,实施综合考评,严格奖惩兑现。

在宜昌市城市管理执法中,加强综合整治,严格执法,不断破解各种难题。一是防拆并举,整治违法建设。将老城区、预开发地区、城郊接合部列为防控重点,重拳整治违法建设行为。加强部门联动,坚持行政强拆与司法强拆相结合,提高违法建设查处效率。2011 年,共开展集中拆违行动 40 多次,拆除乱搭乱建 8.6 万平方米,新发生违法建设处结率达到 90.7%。二是标本兼治,整顿户外广告。制定城区户外广告和招牌设置管理办法,建立部门联合审批制度,加强日常监管和执法,促进户外广告设置规范有序。按照"减量、安全、达标、美观"的标准,组织开展户外广告整治行动。2011 年,城区共拆除无证户外广告招牌 3 万多平方米,进一步优化了城市空间视觉环境。三是疏堵结合,规范道路秩序。坚持严控主干道、规范支干道,实施道路分级管理,严控流动摊点和出店经营行为,同时设立疏导点,在商业街区开辟临时夜市,实行规范管理。仅 2012 年一年,依法清理占道经营和流动摊点 4 万多起,整改"七小门店"近 8000 家,城区街面秩序大为好转。大力推进城市道路综合改造,对人行道进行标准化建设,完善人行天桥和地下通道布局,初步实现人车分离,城区交通秩序持续改善。四是建管同步,控制城市污染。大力加强公园绿地建设,城区人均公园绿地面积近 11 平方米,有效净化了城市空气。建立垃圾收集点分片包干制,统筹推进路面、屋顶、工地、水域垃圾污染治理,实现垃圾日产日清。新建和改造城市排水排污管道 90 公里,城区生活污水集中处理率达到 90%、生活垃圾无害化处理率达到 91%、集中式饮用水水源地水质达标率 100%,确保了水质干净安全。启动建设免费公共自行车系统,方便市民低碳出行。①

除此之外,宜昌城市管理部门还注重培养法治意识、增强法治思维。法治意识是人们对依靠法律进行管理的一种认识和观念,法治思维是在法治意识的基础上,运用法律规范、法律原则和法律精神思考问题的模式。实现法治城管的前提是具备法律意识,善用法律思维。

通过依法治城,宜昌市城市管理井然有序,宜昌城市市容不断改善,真正实现了城市"绿、亮、净、美、畅"为目标,改善了整个城区面貌,宜昌城市管理工

---

① 创新城市管理 提升文明程度,三峡宜昌网,http://www.cn3x.com.cn/,2012 年 02 月 26 日访问。

作日渐走上新台阶。

(五)勤政廉政,廉洁城管

城市管理是一个复杂的系统工程,涉及市直各职能部门和城区、街道、社区居委会等。城市管理涉及人民生活的方方面面。城市管理职能部门在法律的权限内,规范执法、廉洁执法,对促进城市文明建设的发展,协调政府和人民的关系具有重要意义。因此,在城市管理中,廉洁高效的机制,对城市管理的发展具有重要作用。这就必须做到:(1)剔除官本位和特权思想。"官本位"和"特权思想"是产生违纪问题的温床,必须强化对城管人员特别是领导干部的执政理念和群众路线教育,让他们真正从内心深处意识到权力是人民赋予的,是为人民服务的,不是搞特殊的。(2)健全公开制度。阳光是最好的防腐剂,应深化政务公开,尤其是推进财物信息公开。(3)加强问责制度的实施。通过问责做到"有法必依、执法必严、违法必究"。(4)完善监督制度。不仅要加强政府监督,还要引入第三方监督,进行社会舆论监督、媒体监督和公众监督。(5)完善城管行政经费管理制度,建立良好的行政管理体系。严格审批因公出国、严格控制公务接待,堵住腐败"黑洞"。

宜昌市在城市管理中,高度重视廉政建设,2011年颁布《宜昌市城市管理局廉政风险预警防控工作制度(试行)》,严格的管理,规范的制度,保障宜昌市城市管理的健康发展。

《宜昌市城市管理局廉政风险预警防控工作制度(试行)》明确廉政风险预警防控工作的主要任务是突出"三个层次",查找"四类风险"。一是查找领导岗位风险,重点查找在"三重一大",即重大事项决策、重要人事任免、重大项目安排和大额资金使用等方面容易产生腐败行为的廉政风险;二是查找中层岗位风险,根据职责定位,针对行政、管理、执纪、执法等重要环节发生或可能产生的廉政风险;三是查找其他重要岗位风险,各级重要岗位人员对照岗位职责、工作制度,查找并分析个人在履行岗位职责,执行制度,行使自由裁量权和内部管理权等存在或潜在的廉政风险。查找的廉政风险涉及思想道德、岗位职责、制度机制、社会环境等"四类风险"。要在全面排查、普遍防范基础上,切实加强重点领域和关键环节廉政风险防范。

宜昌市城市管理局建立廉政风险信息采集制度,建立《岗位廉政风险信息采集登记表》,以单位(科室)及其工作人员在行使权力、履行职责过程中发生的不廉洁问题和乱作为、不作为重点内容,加强廉政风险信息的收集、汇总和

第一章 宜昌城市管理的理念和特色

上报工作。并明确了廉政风险信息来源渠道：(1)从市纪委监察局信访举报、优化发展环境投诉、"行风热线"、社情民意调查等群众诉求中发现问题；(2)在查办案件、执法监察、专项检查、民主评议、专项治理等工作中发现问题；(3)通过开展社会问卷调查、下发征求意见信、召开服务对象座谈会、明察暗访等方式收集相关信息；(4)定期收集意见箱和网上廉政举报箱的群众意见，分析发现问题；(5)通过不定期督察干部作风和服务情况，发现问题；(6)纪检监察人员参与重点城市管理工作，在监督中发现问题；(7)从党风廉政建设责任制考核、述职述廉以及其他部门移送、新闻媒体披露等渠道挖掘和筛选有关信息。

同时，对采集到的廉政风险信息进行分析，根据分析结果，按照存在问题的风险大小、影响程度、轻重缓急，将廉政风险预警划分为"红、橙、蓝"三级，其预警等级依次降低。具体划分标准是：(1)凡是反映单位(科室)主要负责人在廉洁自律方面有问题，或反映单位(科室)有吃拿卡要报、以权谋私问题，但线索不明确，构不成立案条件的，为"红色"一级预警；(2)凡是反映单位(科室)或工作人员存在不正之风、廉洁自律等一般性问题以及轻微违纪违规问题的，为"橙色"二级预警；(3)凡是反映单位(科室)或工作人员在规范执法、机关效能、服务质量以及个人工作、思想、生活作风等方面存在问题的，为"蓝色"三级预警。并据此研究预防对策，提出预警意见，并向被预警单位(科室)或个人发出《岗位廉政风险预警通知书》。被确定为"红色"一级预警的，报局党组书记审批；被确定为"橙色"二级预警的，报局纪检组长审批，同时报党组书记备案；被确定为"蓝色"三级预警的，报纪检组长审批。然后，制定《岗位廉政风险预警通知书》由纪检监察部门送达被预警对象，向被预警对象提出具体的整改和防控要求，并进行谈话，等等。通过这些制度的建立，规范了城市管理工作，以有效控制城市管理工作中的腐败行为，实现城市管理工作的廉洁高效，公正为民。

为了实现廉洁城管的目标，宜昌市城市管理局还采取了一系列步骤：

一是发挥典型带动作用。宜昌市城市管理局宣布启动市"人民满意城管执法队员"评选活动，按照政治思想素质硬、城管职业道德优、执法管理能力强、群众认可度高四个评选标准，从全市各级城管执法机构中持有行政执法证的在职在岗城管执法人员中选出人民满意城管。这是宜昌市城市管理局着力构建"人民满意城管"的一个具体项目，也是宜昌市勤政廉政建设的一个重要内容。同时，通过评选"城管先锋"、"城市美容师"、"最美环卫工人"，开展先进典型事迹县市区巡回演讲，充分调动干部职工创先争优积极性，涌现出以"全省优秀共产党员"、"湖北省劳动模范"、"湖北十佳城管人"李西全,全国住建系统劳动模范、全省"创先争优"优秀共产党员任稚萍为代表的一批先模人物。宜昌市共推荐并获得全国、省(部)和市级劳模11名。对勤政廉政工作作了很好的正面宣传。

二是推进治庸问责。组织干部职工"十一查十一看",推行《责任白皮书》,建立全员岗位责任制,完善问责制度和程序,强化防违控违、广告招牌治理、文明执法等重点工作失职渎职责任追究,开展行政效能、公车私用等明察暗访,确保了各项工作对点达标。2012年以来问责追责干部职工124人。此乃廉洁城管的保障。

三是强化风险防控。清理行政权力事项,排查风险点,编制《风险防控手册》,推行财务集中监管,实行廉政风险防控动态管理,确保权力行使安全、项目建设安全和干部成长安全。深化政务公开,接受社会和群众监督。2012年以来,公开重点项目建设、大额资金使用等各类信息614条。

四是建立教育培训、风险防范、检查督办等工作制度,通过"春季培训"、调研座谈、城管网站、工作通报等措施,搭建勤政廉政建设互动平台。同时,改版"宜昌城管网",开通"城管微博",设置全会精神落实情况公示栏,把全会有关规定纳入数字城管案件受理、派遣、查处、考核范畴,开设违反规定曝光台,倒逼勤政廉政成为干部职工自觉行为,做到问题第一时间发现、第一时间查处、第一时间整治,实现自我教育、自主实践,社会考评。赋予群众现场检查权、批评权和考核评价权,为城市管理工作"亮牌"、"打分"。勤政廉政建设行不行、实不实、好不好,由群众说了算。

通过一系列的工作,宜昌市城市管理廉政工作取得了很好的成效,宜昌市城市管理在居民中取得了良好的信誉,城市管理各职能部门及执法人员在执法中得到了群众的有力支持和配合,实现了城管工作的良性发展。

(六)为民管城,人民城管

城市管理是城市发展的重要环节,城市管理的成果决定着民众幸福指数。城市管理的最终价值追求和最高价值取向是改善民生,惠及百姓。人民群众是城市的主人,市民是文明城市的创造主体,更是城市文明的享受者和受益者。城市管理的本质就是为城市人民创造良好的生活生存环境。城市管理的一切活动都要围绕创造宜居的城市环境这一目标。实质而言,宜昌市创新理

第一章 宜昌城市管理的理念和特色

念、体制改革等均是为了为人民创造更好的城市环境。[①]"为人民管好城市，管好城市为人民。"宜昌市城市管理时时处处体现这一理念。人民城管即在人民群众中树立城市主人翁的意识，做到"人民的城市人民管"，只有这样，管好城市才具有了最大的驱动力。

人民城管的具体含义包括：(1)人民城管以人民具有城管意识为前提。市民的自觉是让城市更美好的保障，市民应当把城市当成自己的家园，像爱护自己的"小家"一样爱护城市这个"大家"，并自觉参与和支持城市管理，实现"城市让生活更美好"，最终使每一名生活其中的市民成为受益者。(2)人民城管以人民参与城管为手段。城市治理是政府与生活在这座城市里的人民的共同责任。在城市中生活的每一个个体、组织都必须承担起治理城市的责任，真正实现"人民的城市人民管"。人民参与指参与城市管理的全部活动，包括决策、执行及监督。为此，需要构建人民参与的相关制度，如决策听证、检举投诉等，还要健全人民参与的模式，如签订管理责任公约、志愿者服务等等。(3)人民城管以人民满意为城管最高评价标准。人民是城市的主人和管理主体，城市管理应以人民满意为出发点和落脚点，打造人民满意的城管品牌。为此，城管实效应经过人民评议，并使人民评议最终指导于城管政策及实践的发展方向。

宜昌市总人口415万，却有着30多万移民，20多万农村进城务工人员，每年1000多万游客，作为省域副中心城市、长江中上游区域性中心城市和世界水电旅游名城，宜昌市在人、财、物的大流动中社情复杂，服务和管理难度大。

为了解决城市管理难题，宜昌创新构建了以人为本、网格化管理、信息化支撑、全程化服务的新体系。通过网格化、数字化管理，搭建便民服务平台。据统计，宜昌市城市管理部门原有300多名工作人员。现在，除了100名左右工作人员从事行政管理、提供工商办事服务外，200多名工作人员都"下沉"到社区，与网格员联动，为市民进行工商巡查，提供民生服务。不仅仅是工商部门，宜昌实行"部门联动，力量下沉，服务到人"的机制，为准确掌握社情、及时化解矛盾奠定了坚实基础。这样网格员"倒逼"着街办、社区，以至于市政府各部门管理职能变革和工作流程再造。宜昌全面推行社区为行政部门代理事务、网格员为居民群众代办事宜的"双代服务"，以特色社区服务打造"一刻钟

[①] 覃燕、妮郑璐：《民生城管塑造文明之都——宜昌市城市管理工作服务为民纪实》，载《三峡日报》2011年9月13日第2版。

便民服务圈"。为实现这个目标,各部门将服务职能延伸到了社区各个角落,居民随时可以"触网"享受各种服务。这样做的结果是,宜昌市直34个部门再造351项工作流程,变过去的串联式化解为现在的并联式化解,大幅压缩反应和办理时间。公安、工商、城管等部门实行扁平化管理,与网格员和志愿者全面对接,提高工作效率。目前,城区公安机关警力下沉,社区民警已超过总警力的三分之一。因此,推行网格管理以来,网格员们先后帮助公安部门发现外来违法犯罪人员690人,抓获在逃犯罪嫌疑人179人,有力维护了社会治安。同时,各网格每月收集各类矛盾信息近2000条,社区内化解率98%,基本实现了"小事不出社区、大事不出街道、矛盾不上交"的目标。在全省公众安全感和治安满意度测评中,宜昌得分名列各市州第一名,人民的幸福感和满意率显著提升。

宜昌城市管理还开展了其他许多惠民利民活动。例如,宜昌市成功举办第二十六届菊展,扩大参展范围至各县市区,其间联合组织了城市管理局成立十周年图片纪念展和插花展等"展中展",展出盆菊20万盆,菊艺180件,造型景点19组,吸引60万人次市民参观,丰富了市民精神文化生活。认真开展城市管理廉政书画及园艺作品评展活动,100多幅书画、盆景以及园艺作品参展,推荐评选出18幅优秀作品。同时,高度重视市民群众的生命财产安全,扎实做好城区防汛工作,实行市、局和市政处"三合一"的防汛指挥体系,建立市领导、防汛指挥部、市直相关部门、各区政府、社区居委会主任"五位一体"的信息发布平台,发布防汛信息3800条,防汛工作做到了早发现、早预警。加强设施维护,实行"领导包区、干部包片、队员包点"的24小时防汛责任制,处置了李家湖社区排水改造等7处严重灾害事故,确保了人民群众生命财产安全。开展以"十大战役"为重点的"干干净净迎新年"活动,为全市三会的顺利召开以及市民欢度佳节营造了一个干净、整洁、优美的市容环境。夷陵广场、儿童公园、滨江公园、固体废弃物集中处置中心等作为全市重要参观点,接受重大检查考察20余次,承办各类公益活动100余场,接待游客340万人次,已经成为宜昌会客厅和市民的庭园。积极参与新农村建设,全力开展参与湖北省创优活动,履行远安片区牵头单位职责,捐款5万元,支持了农村经济发展,喜获"全省三万活动先进工作组"荣誉称号。组织开展"千名党员职工进千个社区网格入千个市民家庭"活动,和社区网格员长年结对,履行编外网格员职责,有效解决基层难题,服务全市网格管理大局。

在民生方面,宜昌市推行了一系列治理城市顽疾的举措,取得了良好效

第一章　宜昌城市管理的理念和特色

果,有效改善了人民的生活环境。第一,强力治违。完善市区防控违法建设工作网络和责任机制。重拳整治老城区、预开发地区、城郊接合部违法建设行为,加强城管、公安、区级政府和司法机关联动,提高了违法建设查处效率。今年以来,拆除乱搭滥建4.3万平方米。第二,着力治丑。制定城区户外广告和招牌设置管理办法,建立户外广告联合审批制度。拆除无证户外广告9000多平方米,优化城市空间视觉环境。第三,全力治乱。实施道路分级管理,严控流动摊点和出店经营行为。设立疏导点,在商业街区开辟临时夜市,划出100多个瓜农进城免费销售点。今年清理占道经营和流动摊点4万多起,整改"七小门店"7200多家。第四,通力治堵。公安交警部门新设交通标志牌、指示牌961块,新划标线8万平方米,中心城区路口灯控率达82%。规划局、住建委、城投公司加大投入新建8座人行天桥和地下通道,建成道路停车场和立体停车场99个,划定2700多个道路停车泊位、3000多个摩托车和自行车停车位,启动免费公共自行车系统建设,方便市民低碳出行。2012年,宜昌被评为全国畅通工程示范城市。

　　同时,城市管理还完成了多项关乎民生的大事、实事,如:(1)改造菜市场,全市建立标准化菜市场,城区菜市场总体布局将更趋完善,市民就近购物消费将更加方便、卫生、安全。(2)升级市政设施。对主次干道进行沥青铺装,对人行道进行标准化改造,对背街小巷全部硬化处理,新改造道路空中管线全部入地;环保部门加强污水处理,封堵了长江沿岸20多个排污口,城市生活污水集中处理率达89.3%;中心城区104座公厕升级改造全部免费开放,开启了宜昌市州级城市公厕免费的先河。(3)严控城市污染。建立垃圾收集点分片包干制,垃圾日产日清。试点投入400多万添置环卫洗扫设备,开辟建筑垃圾消纳场所,设置了烟花爆竹禁放区,禁止车辆城区鸣笛。交通部门推进城区3300多台公汽和出租车全部实现"油改气",减少了尾气排放。(4)扩大园林绿化总量。城区公园、游园达到65个,园林式单位和社区142个,绿化总量达820万平方米,绿化覆盖率、绿地率、人均公园绿地面积分别达到40.9%、35.4%、10.88平方米。如今的宜昌,四季常青,四季见花,处处生机盎然。

　　通过多年的努力,宜昌市和市民生活要求息息相关的指标稳步增长:市城区新增绿地16万平方米,市管道路清扫合格率达到98%,居民小区清扫合格率达到96%,机械化清扫率不低于21%,垃圾清运及时率达到99%,市城区生活垃圾无害化处理率不低于89%,县级市城镇生活垃圾无害化处理率不低于72%,各县城镇生活垃圾无害化处理率不低于60%,环卫管理质量稳步提高。市中心城区基本无出店占道经营和乱摆摊点现象,菜市场、城郊接合部市容管理水平进一步提升,市容市貌规范有序。市城区市政设施维护及时率、合格率达到100%,市政设施完好畅通。市级重点项目按期完成,市政环卫绿化基础设施改造保质保量,城市公用基础设施功能逐步提升。城管部门社会认知度和认同度明显提高,服务民生能力高效便捷。

经过宜昌市城市管理的多年发展,宜昌市已建成一座美丽的现代化宜居城市。宜昌市城市管理的特点,已经随着其文明城市的传播,为其他城市管理所借鉴和学习。宜昌市城市管理在全国城市管理中独树一帜,体现了鲜明的宜昌特征。从建设"现代化一流明星城市"的目标,到创新理念,采用现代科技成果,实现信息化、网格化、联动化管理,同时进行城市管理体制改革,加强城市管理廉政建设,强调城管为民,为民城管。这一系列活动,正是宜昌市城市管理取得卓著成果的原因,是宜昌市城市管理成果优越于其他城市所具备的不同特点。今天,宜昌市在日益文明的城市环境下,正朝着建设大型城市,建设"全国一流明星城市"目标而努力。

宜昌市城市管理的卓越成就,造就了宜昌这座宜居之城,未来的宜昌在美丽的城市环境下,一定会迎来更大的发展。

二、宜昌城市管理的特色

以法治城管、服务城管、人民城管、科学城管、廉洁城管、文化城管的基本理念为指导,宜昌在城市管理中扎实工作、锐意进取,在实践中形成了鲜明的宜昌特色,即城市管理的六化:"规范化、服务化、社会化、效能化、廉洁化、文明化。"

(一)加强法治建设,推进城市管理的"规范化"

"法治城管"是城管发展的生命线,在城市管理中,宜昌以"法治城管"为基本理念,不断推进城市管理的规范化:

1. 推进组织保障,夯实法治建设基础

一是加强组织领导。宜昌市城市管理局把法治建设纳入城市管理重点工作范畴,每年召开2次至3次专题会议,统一研究,统筹安排,协调推进。分级成立局和直属单位法治建设领导小组和办公室,办公室设在局政策法规科,明确市局和直属单位主要负责人为法治建设第一责任人。指定专人负责,设置

第一章　宜昌城市管理的理念和特色

办公场所,单列专项经费,构建了主要领导亲自抓、分管领导直接抓、工作人员具体抓的层级联动的法治建设格局,做到了有人员、有场所、有阵地、有经费,形成推进法治建设的强大合力。

二是强化责任落实。按照上下联动、左右统一、前后配套的原则,科学制定《2011—2015年法治建设暨第六个五年法制宣传教育工作规划》及年度《"六五"普法暨法治建设和法制宣传教育工作要点》,确定法治建设总体目标,细化工作任务,明确岗位要求,规范工作程序,落实工作责任。注重责任运行的系统性、严谨性、科学性,将工作任务落实到具体岗位、具体责任人身上,营造了"个个有任务、人人有目标"的法治建设氛围。

三是强化目标管理。将法治建设纳入部门和科室年度目标管理考核内容,建立健全创建考评机制、督查通报机制、工作交流和信息报送制度。近年来,先后开展专项检查10余次,印发通报30余期,召开工作推进会和经验交流会6次。并将考核情况作为干部任用、评优评先的重要依据,确保了法治建设有序持续开展。

2. 推进普法工作,提高全员法律素质

第一,靠学习教育推动。首先,为在全系统树立法治城管意识,宜昌市城市管理局把法治建设纳入党组中心组学习计划,定期开展公务员法律知识集中培训,邀请市法制办领导和法学专家进行依法行政专题培训;组织全局副科级以上干部到市第二看守所接受警示教育,参观检察系统"法治与责任"图片展。其二,积极征订安装无纸化学法用法及考试系统,运用网络媒体开展无纸化学法用法系统组织"网学网考",组织全局干部职工参加全市党内法规制度知识测试活动。其三,充分发挥网络宣传优势,在"宜昌城管网"开辟固定法制宣传专栏,刊登《行政处罚法》《行政强制法》等法律法规,设立新闻动态、观察交流、研究探讨、公示公开4个子栏目,围绕法治建设组织城市管理信息报送,每年登载城市管理学法用法实践信息和工作动态1000余篇,提高法制宣传教育的覆盖面。四是强化执法队伍教育,制定下发《宜昌市城市管理执法队伍教育培训实施办法》,以政治理论、政策法规、业务知识、文化素养、技能训练、军事训练等为基本内容,采取经常性教育、集中教育培训和自学相结合的方式开展执法队伍教育培训,每年组织为期一周的全市城管执法队员的封闭式集中轮训。开展城管执法研讨活动,表彰全市城管执法行业优秀调研文章。

第二,靠典型宣传带动。在全市城管系统开展向市城监支队执法人员李西全同志学习的活动,联合市文明办组织全市10名城管先进典型到各县市区巡回演讲；按照省住建厅的统一部署在全市城管系统开展向因公殉职的黄冈市英山县城管执法局城东大队大队长段金寅同志的学习活动。强化党员示范作用，每名党员佩戴党徽上岗，亮明党员身份，在中队或责任路段悬挂"党员示范岗"标志牌。挖掘依法行政典型事迹，收集整理城市管理有关依法行政特色案例，推广典型经验，纠正错误执法，以学促用，以案说法，提高依法行政水平。

第三，靠实践活动促动。开展"12·4"法制宣传日和"三提三服务一营造"活动，在公园广场设置宣传栏和投诉意见箱，组织城管执法队员上街发放便民宣传册及"和谐城管，文明宜昌"便民环保袋。开展部门"三千活动"，向社区居民发放《宜昌城管便民读本》，撰写《民情日志》。深化"法律六进"活动，市城管局领导带队考察城管进社区工作，赴远安县荷花镇开展基层普法依法治理联系点调研，联合学校开展"垃圾分类收集进学校"活动，选择西陵区铁路坝小学、绿萝路小学、伍家岗区杨岔路小学、点军区实验小学等小学开展垃圾分类宣传试点，引导在校学生提高垃圾分类意识。

3. 推进依法行政，严格规范执法行为

（1）一是加强城管立法和制度建设。除了对国家城市管理方面的法律法规认真执行以外，宜昌市还在城市管理方面积极探索，在城管的制度建设上做了大量的完善工作。

在环境卫生方面，根据国务院《城市市容和环境卫生管理条例》、《湖北省城区市容和环境卫生管理条例》及其他有关规定，宜昌市政府与 2006 年 5 月制定出《宜昌市城区市容和环境卫生管理实施细则》。该细则对宜昌市城区市容和环境卫生的管理职责分配、管理标准、管理的监督与处罚方面做出了明确的规定。

此外，2013 年 5 月 1 日，宜昌市发布由宜昌市城市管理局、市住房和城乡建设委员会、市规划局联合制定的《宜昌市城市容貌标准》。这使宜昌市成为湖北省继武汉市以来，第二个有了城市容貌标准的城市。据此，宜昌在道路系统、建筑景观、公共设施、园林绿化、户外广告标识、城市照明、城市水域等多方面建设和管理方面都有了硬标准。

在全国同级别城市中，宜昌首发《宜昌市城市容貌标准》，这对于理顺城市管理体制，提高城市管理效能，创造与世界水电旅游名城相适应的城市环境，提升宜昌城市形象具有重要意义。2013 年 5 月 13 日，宜昌市城管局在全市城市整理工作推进会上表示，将在城市整理工作中，严格执行和落实《宜昌市城市容貌标准》，为此建立部门日巡查、周考核、月通报工作机制；改革创新考核方式，对《宜昌市城市容貌标准》落实情况实施"第三方考核"，设置考核奖惩资金，建立各区、街道、社区三级考评和奖惩激励机制。

在园林绿化方面，除了执行国务院《城市绿化条例》、《城市古树名木保护管理办法》、《湖北省城市绿化实施办法》的相关规定外，为落实和细化有关规定，宜昌市还出台了《宜昌市人民代表大会常务委员会关于保护城区公共绿地的决定》及《宜昌市城市公共绿地管理办法》。

在市政管理方面，宜昌市制定出《宜昌市市政工程设施管理实施细则》、《宜昌市城区市容和环境卫生管理实施细则》、《宜昌市城市规划管理技术规定》，使市政管理方面的规范更加完善。

在城管执法方面，城管执法一直都是社会关注的焦点，其是否合法、合理关系到城市管理执法队伍的形象，也直接决定城市管理的成效。为进一步规范城管执法，宜昌市人民政府制定出《宜昌市城区城市管理行政执法实施办法》，该实施办法根据《中华人民共和国行政处罚法》、《国务院关于进一步推进相对集中行政处罚权工作的决定》及省人民政府的有关规定制定。其规范了市城管管理行政执法局及其执法人员的执法职责、执法程序、执法监督及执法局与各区人民政府和有关行政管理部门执法协调的问题。2013年根据宜昌市委市政府的决定，宜昌市城区城管体制作出重大调整，城区城管行政执法体制也因此发生重大变化。为适应该变化，宜昌市人民政府决定对《宜昌市城区城市管理行政执法实施办法》进行修改，修改讨论稿已获得通过。

除此之外，宜昌市城市管理局为规范执法，出台了众多的规章制度，包括：《宜昌市城市管理局执法工作报告制度》、《城乡规划违法案件执行程序内部暂行规则》、《行政执法责任追究暂行办法》、《行政复议制度》、《宜昌市城市管理执法局行政处罚内部工作程序》、《行政审批内部运行程序（试行）》、《宜昌市城市管理局行政审批、行政处罚、行政强制、行政复议工作规程》、《宜昌市城市管理监察支队行政执法"五要十不准"》、《执法工作要求》、《执法工作程序》、《队员言行举止规范》、《城管监察人员必须具备的基本业务技能》、《城管监察员基本工作程序和标准》、《城管协管员考核管理办法》、《宜昌市城市管理检查支队内设机构工作职责及负责人工作职责》、《案件管理办法》、《行政执法过错追究制度》、《市城管局听证管理规定》、《案件集体审议制度》、《市城监支队错案纠正处理办法》、《市城监支队文明执法奖励办法》、《行政执法过程中突发事件处理办法》、《执法过错责任赔偿办法》、《城监支队信访工作制度》、《宜昌市城市管理监察支队罚没财物及暂扣物品管理规定》。

上述城管细则、决定、办法等的制定,为宜昌市城管部门执法提供了较为完善的规范,确保了城管部门工作的合法性。2012年以来宜昌市城管共办理各种案件6478起,应对提起行政诉讼52起,错案率、诉讼败诉率均为零。

(2)及时研究解决法律适用难题。为及时解决法律适用难题,宜昌市城管局提请市人民政府解决《中华人民共和国行政强制法》在规划执法中的困难,促成市人民政府办公室出台《关于城区防违控违有关问题的备忘录》,依据该《备忘录》,制定下发了《关于在规划管理执法中科学适用〈中华人民共和国行政强制法〉的通知》,明确城管执法部门可以依法采取行政强制措施拆除在建违法建(构)筑物。在规划执法中,经常遇到法律关系复杂的案件,确定违法当事人一直较为困难和极具争议,为此,在广泛征求有关专家意见的基础上,宜昌市城管局建立了确定违法当事人原则,为执法人员办案提供指导。针对执法办案中需要哪些证据、怎样收集证据、收集证据有哪些程序和方法、收集证据遇到困难如何处理等疑问,确定了城管执法证据收集规范,解决了执法难题。

(3)严格队伍管理,提高执法水平。除了对执法队伍建章立制之外,还在多个方面加强了执法队伍的管理,以确保执法队伍的文明执法、"依法"执法。措施包括:率先在全省实现"五统一、三规范"的准军事化管理。即:统一队伍名称、队伍设置、服装和标识、执法证书和培训、执法文书,规范城管执法队伍、城管执法程序、城管执法行为;制定城管执法"五要十不准"禁令和"六先一后"工作要求,细化行政执法自由裁量权使用标准,构建制度监督、法律监督、群众监督、舆论监督的立体监督网络。全市城管执法队伍以"城管监察"命名,开展执法案卷评查;封闭式轮训全市612名执法队员。实行城管执法问责,近年来,先后问责城管执法队员60余名。开展"人民群众满意城管执法队员"评选等。

基于以上队伍管理,宜昌市城管执法没有出现其他城市所产生的违法执法、粗暴执法现象,在宜昌市民中取得了良好的口碑。

【材料1-1】宜昌市城市管理监察支队行政执法"五要十不准"。

"五要"即:要用规范语言或文字告知当事人权利、义务及改正违法行为途径;要对同一违法当事人进行两次以上教育与劝阻;要讲究执法技巧,实现执法方式方法的灵活性与多样性;要主动服务、合理执法,避免给当事人造成不必要损失和带来更多不便;要在遵守法定程序前提下严格执法。

"十不准"即:不准利用工作之便吃、拿、卡、要;不准侵占、使用、私自处和有意毁损暂扣物品；不准辱骂、殴打当事人和限制当事人人身自由；不准踢摊、掀摊、折秤；不准对群众来信来访不理不办、拖办推办和错办乱办；不准当班期间和班前三小时饮酒、酒后驾车；不准执勤时吸烟；不准非因公着制式服装进入各类娱乐场所和餐厅；不准非因公将执法公务车辆停放在餐馆、酒店、娱乐场所门前及附近地方；不准在执法车辆上睡觉、娱乐、嬉闹，把脚放在车窗及车台上。

(4) 推进政务公开，实现阳光法治。按照"应公开尽公开、能公开全公开"的原则，宜昌市城管局利用"中国宜昌网"、"宜昌城管网"、《三峡日报》城管专刊等载体，将部门职能职责、行政执法依据、工作进展情况、干部选拔任用、重点项目建设、行政审批事项等关注事项对外公开，保障了干部职工和群众的知情权和监督权。按照"五不变"、"五统一"的原则，成立市城管局会计核算中心，将局机关及全部直属单位纳入会计集中核算，整合局系统财务人力资源，强化对直属单位财务监管，规范直属单位财务管理，促进财务公开。

(二) 强化民生意识，推进城市管理的"服务化"

服务人民是城管发展的永恒主题，在城市管理中，宜昌推出了如下举措以促进城市管理的服务化：

1. 树立了三个面向的服务目标并采取相应措施

第一，服务城市新区建设。城市新区建设事关宜昌能否实现"大城梦"，城管把服务城市新区建设看作一项政治任务，做城市新区建设的"保姆"。为此采取的措施包括：建立与新区建设推进办的工作联动机制，协助抓好垃圾中转站、公共厕所、停车场等布点工作，开工建设一批市政、环卫基础设施。抓好防违控违的统筹协调、督办考核工作，降低新区建设成本。加强市容整治，打造城市新区新亮点。

第二，服务县市区城管工作。开展县市区城管工作问卷调查，梳理归纳县市区城管亟待解决的突出问题。以行政审批、执法办案、生活垃圾分类收集、垃圾处置设施建设与管理为重点，分批分期开展业务知识培训，不断提高县市区城管部门工作技能。向各区派驻管理型干部、技术型人才，探索县市向市局输送优秀人才培养锻炼的方式，推进县市区城管部门人才队伍建设。协调有关部门，力争提高城区生活垃圾处置费收费标准，以及健全完善城管执法公安保障机制。

第三，服务群众生活需要。解决群众生活困难：2012年免费开放107座公厕,化解了"如厕难"。加强道路停车场管理,新增停车泊位2980个,免费开放176个泊位,大力纠处人行道违章停车,改善了停车环境,加强对协管员日常工作行为的巡查和监督,完善收费行为监管体系。调查道路停车场现状,对57家委托管理单位停车场泊位数量及收费性质进行了统一排查梳理,道路停车管理更加规范,缓解了"停车难"。规划和设置一批流动摊贩疏导点,引导环城东路800余户流动摊贩在"CBD"新夜市规范经营、500余名陀螺运动爱好者在体育场等地集中健身,发放《卖瓜线路图》8120份,开辟瓜农免费临时销售点54处,既解决了"行路难",也保障了弱势群体的生存需要。

强化市政快速处置和服务管理:2012年维修车行道1338平方米、人行道5277平方米,黑化路面预防性养护灌缝5000余米,处置污水外溢285起,清疏排水管道48444米,清掏雨水井150余座、检查井200余座。

进行专项整治和险情防控:专项整治中考、高考施工噪音污染,查处违规行为,为学生提供了安静的考试环境。加强城区防汛,及时发布重大雨情预警短信,改造和维修李家湖、四方堰排水泵站,安装下水井防坠网118个,处置重大险情17次,保障了群众的生命安全。

举办文化活动,丰富群众文化生活:举办菊展,扩大参展范围至各县市区,并联合组织城市管理局图片纪念展和插花展等"展中展",吸引60万人次市民参观,丰富了市民的精神文化生活。认真开展城市管理廉政书画及园艺作品评展活动,推荐评选优秀作品,并编印《宜昌市城市管理局首届廉政文化作品集》,有效推进城市管理廉政文化建设。

深化便民服务:开展新一轮"三万活动",为远安县阳坪镇郑家冲村美化村落环境,建立垃圾收运体系,支持秭归县泄滩乡街道绿化,使便民服务向县市延伸。在公务员办公门户网站公务员论坛中开辟园林绿化专栏,提供家庭养花技术知识,使便民化服务更加细致。试点一站式代办服务群众办事,按照"便民、利民、亲民"的要求,以及"先试点示范后完善推广"的原则,将与群众日常生活联系紧密、普遍、易发、易鉴别、一般性的行政处罚权和部分行政审批许可的代办权逐步下放到城管监察中队实施,让群众在身边就享受城管服务。问题的处置按照事件的大小、难易程度和权限的规定,优先在网格内、社区里面及时解决,网格内无法解决的,由下至上逐级解决。确保市民诉求点对点解决,全方位服务。印发《城市管理市民手册》和《城市管理行政审批服务指南》4600套,积极为群众办事提供便利。认真开展行政审批"四减五制三集中"工作,部门行政许可项目由19项精简至15项。优化户外广告和建筑渣土行政

第一章 宜昌城市管理的理念和特色

审批程序,启动行政审批质量体系认证工作,编制部门《行政审批作业指导书》,2012年全年行政服务中心城管窗口受理并办结行政审批事件,办结率100%,满意率均为100%。

2. 全面推行"1＋10"服务民生工程

2012年以来,宜昌城管部门以"迎创推"活动为契机,以治庸问责为手段,进一步解放思想、深化改革,以社会管理创新为新路径,以深化服务为着力点,全面推进城市管理转型升级,结合工作实际提出了"1＋10"服务民生工程。"1"就是以社会管理创新为契机,进一步创新城市管理体制机制,加快网格化、数字化城市管理体系建设,努力实现高效能管理的目标。"10"就是以城市管理工作创新为主线,借助网格化、数字化管理,努力破解10个影响民生的城市管理难题,即:渣土管理,占道经营管理,违法建设防控查处,户外广告及门店招牌治理,油烟污染治理,彻底消灭卫生死角,专项治理从车窗抛物现象,绿化美化工作,箱体、柜体等基础设施美化,污水外溢的治理。

针对以往建筑垃圾管理难等问题,城管局成立了市城市管理局建筑垃圾管理中心,明确了工作范围、职责和工作流程,规范了建筑垃圾处置核准工作程序,并联合市公安局、市住建委、市交通局、市质监局联合发布了《关于加强城区建筑垃圾及散体物料运输处置管理的通告》等相关规范文件,强化对建筑垃圾的产生源头、运输过程、末端处置的全过程管理,稳步推进密闭运输,对乱倒建筑垃圾、车辆带泥上路和沿街撒漏行为加强巡查、制止和查处力度。2012年已查处车辆带泥上路、乱堆乱倒等违法行为375起,纠正各类影响环境卫生行为266起。

针对城区主次干道、繁华商业区、市场校园周边乱牵乱挂、乱摆乱设等市容"十乱"现象,城管部门实行局领导分片巡查重点路段、城管执法人员实行定人定岗管理、人流量高峰时段市容管理,每周实行单休制,周六、周日保证不少于80人的执法力量参与市容管理;取缔了环城东路夜市等6个马路市场;开展了西陵一路、胜利四路等5条"市容美好示范路"创建行动。

针对违法建设,加大违法建设防控力度,2012年开展大型拆违行动32次,拆除积存违建和新增违建6.2万平方米,违建势头得到有效控制。

针对污水外溢,加强治理力度,从2012年年初开始,对全市110多条主次干道排水设施进行清疏维护,3月底开始,在西陵区试行城区污水外溢分级处置,西陵区建管局成立专门污水外溢处置机构实现市区联动作业。截至7月底,共完成排水清疏82777米,更换排水井盖座426套,清掏雨水井150余座,检查井200余座。到目前共受理各类污水外溢394起,处置391起,改造污水管网8处,处理及时率达到99%。

与此同时,油烟污染治理、车窗抛物、随意乱丢乱倒垃圾等现象整治力度加大。卫生死角逐步消灭,箱体、柜体等美化工作持续跟进,绿化美化工作稳步推进。户外广告及门店招牌治理有望按照10月1日前基本完成的时间节点要求完成。

实施"1+10"服务民生工程,有效解决了一批老百姓普遍关注的热点难点问题,服务民生能力得到大幅提高。

(三)创建共建载体,推进城市管理的"社会化"

"人民城管"是推进城管发展的根本动力,宜昌不断推出各种重要举措,开展各种活动,在与市民的良性互动中促进城市管理的社会化:

1. 大力宣传城管工作,增强群众对城管的了解和理解

充分利用城市管理进社区、便民服务岗、服务热线、法制宣传日等平台,宣传城管职责职能、规章制度,加深了人民群众对城市管理的了解。强化新闻媒体导向作用,建立城市管理新闻发言人制度和通讯员与记者联系制度,2012年全年在《人民日报》、《城管监察》等各级各类报纸杂志上发表通讯报道400余篇,市民对城市管理的知晓率大幅提高。充分发挥公园广场宣传阵地作用,全年累计举办各种公益性活动70余次,城管工作逐步得到社会各界的理解与支持。

2. 积极引导群众参与各类活动

实行"人人参与、人人支持、人人受益"的城管策略,开展各种群众参与活动。如组织开展"干干净净迎新年"和"万人洁城绿城"活动,"人民满意城管执法队员"评选活动,建立周末环境卫生日和举报违法建设行为奖励制度,开展评选最美社区和市容环境示范社区活动,推行市容环卫责任区制度等。通过以上活动,大大促进了宜昌市群众参与城市管理的积极性和主动性,在各类活动中,宜昌市先后有2万余人次参与城市环境治理,清理卫生死角3600余处。

3. 鼓励群众对城市管理进行监督

通过新闻媒体、政务公开、聘请100名义务监督员等方式,把城市管理置于社会监督下,确保城管工作的健康开展;认真办理人大建议、政协提案、社情民意、市长信箱、网上投诉,办结率达到100%;把涉及城市管理的29个执法部门全部纳入民主评议政风行风单位,集体接受考评;邀请市人大、市政协相

关专委会领导,及日报、晚报、商报和电视台等媒体记者,作为监督员全程参与城区城市管理检查考评;建立公众诉求平台(投诉电话12345),24小时接受群众监督;组织近万名志愿者上街开展文明劝导,依法纠正不文明行为。同时在媒体上开设曝光台强化监督;出台宜昌市城市管理市民手册,使居民了解城市管理部门的职责和解决问题的渠道,对照市民手册,市民可以对城市管理进行监督,并提出意见和建议。

（四）统筹协调新机制,推进城市管理的"效能化"

"科学城管"是城管发展的坚强保证,宜昌通过对科学城管的探索与实践,不断推进城市管理的效能化:

首先对城市管理体制进行改革,实现了"小城管"向"大城管"的转变,并进行了"统一领导,属地管理;重心下移、权责一致"管理体制的改革。在运行机制方面,形成了数字化、网格化的工作机制,部门联动机制、监督考核机制、干群结合机制、高效协调机制。除此之外,大力推动机械化和市场化作业方式,促进了城市管理成本的降低和管理效益的增加。

（五）扎实开展强基工程,推进城市管理的"廉洁化"

"廉洁城管"是城管发展固本强基的主修课,宜昌城管展开丰富的活动,不断推进城市管理的廉洁化:

一是树立典型。通过评选"城管先锋"、"城市美容师"、"最美环卫工人",开展先进典型事迹县市区巡回演讲,充分调动干部职工创先争优的积极性,涌现出以"全省优秀共产党员"、"湖北省劳动模范"、"湖北十佳城管人"李西全同志,全国住建系统劳动模范、全省"创先争优"优秀共产党员任稚萍同志为代表的一批先模人物。宜昌市城管局共有全国、省（部）和市级劳模11名。

二是实施政务公开。制定政务公开工作规则,要求市城市管理局及局属各单位大力推进政务公开,健全信息发布制度,完善信息公开工作机制及各类公开办事制度,提高工作透明度。具体要求为:市城市管理局局务会议或局长办公会议讨论决定的事项和市城市管理局制定的政策,按照有关规定,除需要保密的外,应及时公布。凡涉及群众切身利益、需要群众广泛知晓的事项以及法律法规规定需要公开的其他事项,均应通过部门网站、新闻发布会以及报刊、广播、电视等方式,依法及时准确地向社会公开。市城市管理局及局属各单位要建立部门信息主动公开工作机制,按照"以公开为原则、不公开为例外"

的基本要求,明确职责、程序、公开方式和时限要求,编制或修订信息公开目录,主动公开相关信息。市城市管理局要建立部门信息发布保密审查机制,明确审查程序和责任。在公开部门信息前,要依法对拟公开的信息进行保密审查,按规定程序审核批准后再对外公开。市城市管理局办公室主任为本部门新闻发言人,并通过新闻发布会、记者招待会等形式及时发布本部门信息,增强部门发布信息的主动性和权威性。市城市管理局要建立信息公开申请的受理机制,明确申请的受理、审查、处理、答复等各个环节的具体要求,有效保障申请人的合法权益,维护信息公开工作秩序。

宜昌城管局按照"应公开尽公开、能公开全公开"原则,利用《三峡日报》、"中国宜昌网"、"宜昌城管网"等载体,定期公开部门职能职责、权限范围、重大决策决定,公示干部人事任免,公布重点工作进展情况,2012年全年公开重点项目建设、大额资金使用等各类信息614条,保障了干部职工和群众的事务知情权和监督权。

三是推进治庸问责。组织干部职工"十一查十一看",即推行《责任白皮书》,建立全员岗位责任制,实行全过程痕迹管理,形成责任层层分解、压力层层传递、工作层层负责、任务层层落实、目标层层兑现工作格局。出台《关于健全责任体系强化治庸问责意见》、《市直机关治庸问责暂行办法》、《宜昌市城市管理局领导干部问责实施细则(试行)》及《宜昌市城市管理局关于健全责任体系强化治庸问责的实施方案》等文件,明确了问责对象、细化了问责内容。坚持违纪必究,处理从严,建立健全"1+N"问责制度框架。强化防违控违、广告招牌治理、文明执法等重点工作失职渎职责任追究,开展行政效能、公车私用等明察暗访,确保了各项工作对点达标。2012年办理市治庸办转办件4件,协助市纪委、市监察局开展"城区违法建设"和"三峡国际会展中心项目建设"情况调查,累计问责追责干部职工115人,其中科级干部24人。

【材料1-2】宜昌市城市管理"十一查十一看"

"十一查十一看":查精神风貌,看是否存在思想意志消沉、心态浮躁、不思进取的问题;查工作作风,看是否存在作风涣散、纪律松弛的问题;查执行力高低,看是否存在有令不行、有禁不止的问题;查工作效能,看是否存在相互推诿、办事拖拉的问题;查责任落实,看是否存在岗位职责不清、工作责任不到位的问题;查工作质量,看是否存在工作马虎、程序不合法的问题;查文明执法,看是否在执法过程中存在形象不规范、言行举止不文明的问题;查廉洁自律,看是否存在以权谋私、吃拿卡要及"三乱"(乱罚款、乱收费、乱摊派)的问题;查班子建设,看是否存在不团结、不讲原则、班子战斗力不强的问题;查学习风气,看是否存在学习抓得不紧、结合实际不密切、学习流于形式的问题;查队伍管理,看是否存在制度不健全、监督不严格、管理松散的问题。

(六)构建城管文化,推进城市管理的"文明化"

"文化城管"是城管发展的精神动力,按照文化城管的理念,宜昌市开展了全面提振精神区位、培育行业文化的活动,深度发掘了城管人员干事创业的原动力,激发了激情跨越的爆发力,有力促进了城市管理的文明化:

一是建设正规纪律部队,响亮城管文化标识。鄂政办发〔2010〕102号文件出台后,宜昌市对全市城管执法队伍进行了五统一(统一执法队伍名称、统一成一支队伍、统一执法文书、统一服装标识、统一执法资格培训),三规范(规范执法队伍、规范执法程序、规范执法行为),对全体执法人员分批进行了军事化培训,推进了城管队伍正规化建设。此外,在外在的服装、车辆、办公房装饰等方面形成具有城管职业特点的"识别码",在内在的内务管理、执勤执纪等方面打上体现城管职业精神的"烙印",形成了统一的响亮的城管文化标识和品牌。

二是强化思想道德建设、培育城管职业精神。加强阵地建设。开设"道德讲堂"和"城管讲坛",通过看身边人,讲身边事,积极培育干部职工正确的人生观、价值观、职业观,利用机关办公楼电子显示屏,滚动播出"二十字"公民道德规范等相关信息。在局属单位开辟宣传橱窗、专栏和黑板报,定期登载部门先进人物事迹,让"责任城管"理念入脑入心。注重典型引路。组织干部职工收看专题教育片,开展学习李西全先进事迹座谈讨论活动,加大部门先进人物发现挖掘、培养推介力度,激发干部职工昂扬向上的精神状态,任稚萍被评为全省"创先争优"优秀共产党员,成为全国住建系统劳动模范候选人,一批新的先进模范人物成为行业典型和标杆。关注干部职工心理健康。开展"送温暖,解心结,促跨越"走访活动,邀请心理学专家为200余名执法队员开展心理辅导,使干部职工始终保持蓬勃朝气、昂扬锐气和浩然正气,以一流的精神状态开展工作。

三是开展城管文化活动,积极培育行业文化。从精神文化抓起,启动部门文化研究工作,开展"城管精神"大讨论活动,大力宣扬"勇担当、乐奉献、善协作、创一流、促和谐"的宜昌城管精神。支持城管作品创作,市城管局支持创作的长篇报告文学《人民的好城管——李西全》在《中国报告文学》杂志刊出。从品牌文化着手,加强市城管监督指挥中心、危险废弃物集中处置中心、滨江公园等单位的建设与管理,2012年接待国家及省市级各类检查考察活动700余次,成为宜昌市大型活动重要参观点。从阵地文化展现,组建职工文化艺术团,推出"迎创推"活动图片展,举办全市城管部门"喜迎十八大、欢庆环卫节"文艺演出,市委市政府主要领导亲自发来贺信。认真办好菊展,积极参加省首届菊展,宜昌市扎景菊艺及盆菊共获得17个奖项。精心组织市第二十七届菊花展,展出菊花18万盆、组景扎景17组,吸引65万人次群众参观,菊展成为宜昌市群众年度文化大餐。

四是开展行风评议活动,促进职业精神的贯彻和坚持。按照全市统一安排部署,以"优化经济发展环境,促进宜昌跨越发展"主题,在全市各级城管部门和5000名干部职工中开展民主评议政风行风工作。率先在市直部门召开专题会议进行研究部署,印发实施方案,安排重点工作。经过动员部署、查找问题、集中整改、集中测评和总结提高五个阶段,市局及参评的10个县市区城管部门被评为优秀单位,优秀率达91.7%,基本实现精神提振、管理提效、服务提质、形象提升的预期目标。

五是加强公共舆论宣传,树立城管文化新形象。构建城管宣传体系,通过《三峡晚报》、《宜昌日报》等媒体,及在居住小区设置城管信息电子显示屏等有计划、有步骤、有重点地宣传城管部门依法行政的生动实践,宣传城管队伍正规化建设进程,真实报道城管人为提升城市文明的不懈努力,挖掘报道城管队伍中的先进典型,校正舆论导向,消除认识偏见,让各级党政更加重视关心城管,让社会各界更加理解支持城管,树立城管执法队伍崭新形象。

第二章
宜昌城市管理的体制和机制

一、宜昌城市管理的体制

体制是国家机关、企事业单位的机构设置和管理权限划分及其相应关系的制度。管理体制是管理系统的机构和组成方式,即采用怎样的组织形式以及如何将这些组织形式结合成为一个合理的有机系统,并以怎样的手段、方式来实现管理的任务和目的。管理体制是否科学合理直接影响到管理的效率和效能,在整个管理中起着基础性的决定作用。

(一)宜昌城市管理体制的沿革

2001年11月底,宜昌市政府在机构改革中组建宜昌市城市管理局。它是政府直属的工作机构,其主要职责是:负责城市管理综合执法;负责组织协调城市环境综合整治和"门前三包";负责市容环境卫生管理,垃圾清运处置和街道绿化的管理和维护;负责市政设施维护和城市排水管理;指导全市5县3市6区及葛洲坝集团共15个县(市)区的城市管理工作。局机关内设7个职能科室,即办公室、执法监督科、市政设施管理科、环卫绿化科、市容管理科、计划财务科和纪检监察室。局机关行政编制21名,工勤事业编制3名。局直属二级事业单位有6个,即市城管监察支队、市环境卫生管理处、市政设施维修管理处、市绿化管理处、市东山隧道管理处、市固废公司。

2004年10月,宜昌市城市管理局加挂"宜昌市城市管理行政执法局"牌子,实行两块牌子,一套班子。2005年4月加挂"城市园林绿化管理局"牌子,实行三块牌子一套班子的机构体系。承担着城市市容环境综合治理和综合行政执法、园林绿化、环境卫生、市政设施维护的管理作业职能。局内设办公室、人事教育科、执法监督科、市政工程技术科、市容环境管理科、园林绿化科、直属机关党委8个职能科(室)。下辖宜昌市城管监察支队、环境卫生管理处、固废公司、夷陵广场、儿童公园、滨江公园、五一广场、园林规划设计研究院、园林绿化植物研究所、王家河公园、白龙岗公园、云集山庄管理处、苗圃管理处、园林开发公司等17个二级管理单位。

2006年,根据宜昌市人民政府《关于加强城市管理若干问题的意见》(宜发〔2006〕3号),市城管局开始推进城市管理行政管理体制、执法体制、市场机制三项改革,初步建立起"两级政府、三级管理、四级网络"的城市管理体系。一是实施城市管理重心下移。调整市政、环卫绿化作业管理范围,将市政维修处作业管理的69条街道、市环卫处作业管理的31条街道、市绿化处作业管理的43条街道,统一调整为只作业管理13条街道,其余按行政区域移交西陵区、伍家岗区作业管理,初步形成"条块结合"的作业管理模式。二是实施执法体制全面改革。依据宜编办〔2006〕43号和48号文件,停止按专业大队建制的执法工作模式,分别在西陵区、伍家岗区、点军区、猇亭区设立城市管理行政执法分局,于12月2日挂牌。三是稳妥推进事业单位改革,在继完成市维修处、市环卫处、绿化处3个事业单位全员聘用制改革后,又完成余下8个单位全员聘用制改革。扩大市政、环卫、绿化作业市场化招投标范围,使道路清扫占了清扫总面积的62.4%,街道绿地管养占了总任务的33%,市政维修项目50万元以上项目进入市政服务中心招标,小型维修项目实行内部招标。

2009年,湖北省委办公厅、省政府办公厅下发《关于印发〈宜昌市人民政府机构改革方案〉的通知》(鄂办文〔2009〕92号),在新一轮政府机构改革中,宜昌市城市管理局的职责得到调整,表现为:(1)增加了协调卫生、工商、公安、住建委、规划、环保等部门有关城市环境综合管理与整治方面关系的职责。(2)增加了根据市政府授权,指导县(市)城市管理综合执法、市政设施、市容环境卫生和园林绿化等行业管理的职能。(3)增加了会同城市规划部门组织编制城市道路、排水、防汛、市容环境卫生和园林绿化等专项规划,并组织实施的职责。(4)增加了加强负责城市管理110联动信息服务工作,以及组织、检查和督办城市管理方面市民投诉落实工作的职责。(5)取消对城区护岸管理的职责。

经过四次递进改革,宜昌城市管理初步形成了"四业一体"、执法作业管理对外集中、对内互为依托的职能构架。

(二)宜昌城市管理体制的改革与创新

1. 推动"小城管"向"大城管"的转变

第二章 宜昌城市管理的体制和机制

第一，城市综合管理机构的成立。在湖北省委、省政府"一主两副"战略中，"建设全国一流的明星城市"，成为省领导对宜昌的厚望。而宜昌市"一家管"的旧城管模式远远不能适应，甚至制约城市发展步伐。如何破除城管发展瓶颈，释放创新潜能成为宜昌市城市管理发展面临的现实课题。2010年8月，宜昌市政府成立宜昌市城市综合管理委员会（简称"市城管委"），市长李乐成任主任，常务副市长郑超、副市长王宏强任副主任，40多家有关部门单位负责人为成员。市城管委是市政府统一领导城市综合管理工作的议事、决策和协调机构，其主要职责为：对全市实施城市综合管理进行宏观指导；研究制定城市综合管理规划和重大政策措施；按照深化行政管理体制改革的要求，指导推进城市综合管理体制改革工作；协调解决城市综合管理中有关重大问题；对城市综合管理实施工作进行督促检查。市城管委下设办公室，承担日常工作。办公室设在市城管局，由市城管局局长张毅兼任办公室主任。通过这一体制创新，城市综合管理工作的决策、议事、协调和监督等职能得以明确，全市49家市直相关部门、各区政府及相关企业单位参与其中，搭建起宜昌"大城管"的架构。

第二，责任明确的运行架构。按照重心下移、属地管理原则，强化区政府的管理责任，将次干道、背街小巷和杂居小区管理下放到各区，形成了"决策考核以市为主、组织实施以区为主、市民动员以街道社区为主"的城市管理运行架构。

第三，网格化、数字化的管理方式。2011年，宜昌市为进一步开展全国社会管理创新的工作，开始在城区进一步推进网格化、数字化管理，搭建便民服务平台，将中心城区划分成1110个网格，配置1110个网格管理员，并组建市城市管理监督指挥中心，与市网格管理中心、市应急指挥中心资源共享、无缝对接，进一步促进了宜昌城市管理体制由"小城管"成功转型为"大城管"的新模式。

2. 推动"统一领导，属地管理；重心下移、权责一致"管理体制的形成

2011年，湖北省政府出台《关于加强和创新城市管理工作的通知》，对深化城市管理体制改革，提出了新的要求。该通知强调要"强化属地管理，推进重心下移"，对市区两级城市管理职责进行了明确界定，"市级政府负责研究制定城市管理制度、行业政策和专项规划，确定城市管理目标任务、工作计划、考核办法、作业标准，组织考核、评比和奖惩，对涉及全局性、方向性、整体性以及跨地域、跨部门、跨行业的重大事项进行管理、监督和协调。区级政府负责落实市政府制定的管理制度、政策,管理本级职能规定的事项,包括组织养护作业、城管执法等。街道办事处负责落实区政府分解的各项城市管理工作,组织指导社区居委会和小区业主委员会积极参与各项城市管理活动"。

2013年1月,根据湖北省政府对深化城市管理体制改革提出的要求,湖北宜昌市委、市政府下发了《关于创新城区建设管理体制机制的意见》,围绕建设现代化特大城市的目标,出台了一系列推动宜昌城区建设的新措施,涉及城市规划、城市建设、城市管理、园林绿化管理、城区教育等9个方面的体制机制。为认真贯彻落实市委、市政府上述意见,宜昌市政府于2013年2月下发《宜昌市城区城市管理体制改革实施方案》,开始推行城市管理体制新政。其指导思想是按照"市级宏观统筹、区级具体实施"的思路,创新城市管理体制,科学划分市区两级事权财权,强化区级政府在城市管理工作中的主体地位和作用,建立市管全局、区管具体、运转高效的城市管理体制和运行机制。主要内容有:第一,调整市区两级城市管理职责权限,形成"监督考核以市为主,组织实施以区为主"的城市管理工作格局。为此采取的举措是将城市管理执法、环境卫生作业、市政及环卫设施维护、部分基础设施和小型园林绿化等事权和行政审批权下放到区。第二,改革市政、环卫、园林绿化、城市管理执法、物业和拆迁管理体制。包括:(1)组建市政环卫管理处,为市城管局管理的相当副县级事业单位,主要负责市政设施、环境卫生行业管理。与此同时将原由市级负责的城区城市道路、人行天桥、排水泵站、地下通道和排水管网的维护养护、停车场管理及收费,城市道路清扫保洁,生活垃圾收集、"野广告"清理,垃圾容器、公厕建设管理等部分工作及相关人员,按区域下放到区管理。将临时占用城市道路审批,城市排水许可证核发等部分行政许可项目的审批权下放到区。(2)组建市园林绿化管理局,为市住建委管理的相当于正县级事业单位,同时撤销市绿化工程管理处、市城管局加挂的"市城市园林绿化管理局"牌子及内设的园林绿化科。将城市街道绿化、小型公园绿地维护管养工作和事权下放到区级。(3)实行城监大队移交属地管理。保留市城市管理监察支队,将其下设的西陵、伍家岗、点军、猇亭4个大队按区域移交给区政府管理。除违建处罚决定权、无证建筑不拆除决定权外的其他权利下放到区。同时,将市房管局监督物业服务企业、指导协调业主大会和业主委员会,组织物业管理从业人员培训、上岗证发放,及相关投诉和物业服务企业资质初审权下放到区。(4)调整理顺物业及拆迁管理体制。由市房产管理局负责全市物业管理行业的综合管理,将监督检查物业服务企业,指导和协调业主大会和业主委员会,组织管理从业人员和上岗证发放等权利下放到区。(5)完善市场作业竞争机制。积极培育市场主体,建立作业任务公开招标和作业队伍市场准入、退出等制度,市政设施、环境卫生、园林绿化维护管养,面向社会公开招标,实行"以费养事,作业外包"。(6)实行规划分局垂管。对西陵、伍家岗、点军、猇亭和高新区规划分局实行垂直管理;对夷陵区规划分局实行市区共管体制,其领导班子成员任免须征求市规划局党组意见。合理划分市规划局与区规划局的职能。将城区工业项目、限价房项目(招拍挂除环节外)的审批,经适房、廉租房、公共租赁房的选址意见书审批、建设用地规划许可审批,一般性规划建筑方案审批,建设工程规划许可审批下放到规划分局。第三,理顺市区两级城市管理经费、设施设备及人员编制。在经费问题上,确定了市级财政采取"划分收支范围、核定收支基数、超基数比例分成"的原则。在设施设备移交问题上,确定了下放作业事权涉及的设施设备移交各区,涉及的固定资产视具体情况定的原则。在编制划转问题上,确定了"事随人走,编随人转"的原则。在人员划转问题上,确定了划转人员身份不变、职级不变、待遇不减的原则。为确保此次城市管理体制改革的顺利进行,宜昌市城市管理局、宜昌市委机构编制委员会、宜昌市财政局、宜昌市人力资源和社会保障局联合下发了《宜昌城区城市管理体制改革的实施细则的通知》,对改革步骤和方案进行了详细的部署。

由以上可见,此次城市管理新政强化了市局管理职能,表现为市级城市管理部门将从事务性工作中解脱出来,只需履行全市城市管理中的综合组织协调、检查指导、监督考核等职责。同时将事权下放到各区,表现为:在行政审批事权上,占道审批权、排水许可权、门店招牌管理、城市道路架设市政管线审批权等,下放到区;在执法权限上,除了保留部分行政处罚权的决定权外,其他所有城市管理的行政处罚权,都下放到区;在收费权限上,生活垃圾服务费、停车收费等所有收费权,下放到区;在作业事权上,除了环境卫生从中转到处置的权限外,全部下放到区。最终形成了"监督考核以市为主,组织实施以区为主"的城市管理新格局,实现了"管干分离",有助于充分发挥市区两级职能部门不同的作用,保证城市管理的各项工作得到更好的落实。

(三)宜昌城市管理体制的现状

宜昌正在建设现代化特大城市,按照宜昌市的"十二五"规划,2015年末城区将达到200平方公里、200万常住人口,2030年要达到300平方公里、300万常住人口,如何在城市急速发展的过程中提升管理水平成为宜昌市城市管理发展中必须面对的问题。宜昌市通过城市管理体制的改革和创新回应了这种发展需求：

1. 建成了城区城市综合管理体制的新框架层级。即顶层由市城管委宏观统筹，中层由市区两级城管部门分别承担管理与作业任务，基层由1100个社会网格组成城市管理单元，宏观上实现了从"小城管"向"大城管"的跨越。这种体制框架在组织架构和职责方面的具体表现为：

在组织架构上横向到边、纵向到底：顶层由宜昌市城市综合管理委员会宏观统筹全市城管工作。市长任主任，市委宣传部长、市人大常委会副主任（1名）、常务副市长、分管副市长、市政协副主席（1名）、市政府秘书长任副主任，共有53个组成单位，市城管委办公室设在市城管局，城管局主要领导兼任市城管委办公室主任。

中层由市及各县市区城市管理局组成。市城市管理局有10个内设机构，下设5个直属单位。其中，市城管监督指挥中心、市政环卫处、市城市管理监察支队为全额拨款副县级事业单位；市桥梁隧道管理处、市固废处置管理中心为全额拨款正科级事业单位。各区单设城市管理局，下设区城市管理监察大队、区市政环卫处等全额拨款正科级事业单位。县市均成立城市管理局，远安、枝江等地城市管理局为政府工作部门。

基层由社区、网格组成城市管理单元，主要负责城市管理宣传动员、问题发现和上报等工作。县市城市管理工作由独立的城管部门组织实施。

在具体职责方面，市区两级城管职责划分实现"市管全局，区管具体"，具体职责划分如下：

市城市管理局：负责城市管理执法、市容环境卫生和市政设施的统一管理、综合协调、宏观指导和监督检查考核；负责制定行业及专项规划、规范性文件、行业标准和规范，并组织实施；负责城区防汛工作的组织协调；负责数字化城管平台的规划、建设和管理；负责市城管委办公室日常工作；指导考核县市区城市管理工作；负责城区垃圾中转、处置及市管桥梁、隧道维护管养。

区城市管理局：负责组织实施本辖区城市管理执法、环境卫生管理、市政及环卫设施的维护和管养工作；负责辖区部分基础设施建设工作，负责对所属街办（乡镇）、社区城市管理工作进行监督检查和考核。

2. 厘清了城市管理的职能范围。即城市管理主要由市政设施、环境卫生、城管执法等行业组成。其中，市政设施行业主要负责城市道路维护、桥梁隧道管养、道路停车场管理、排水管网养护和城区防汛。环境卫生主要负责垃圾收集清运中转和处置、公共厕所建设与管理、"野广告"治理、"门前三包"等。城管执法主要负责"7＋1"的综合执法工作,行使相对集中行政处罚权和行政强制权。所谓"7"是指市容环境卫生管理方面法律、法规、规章规定的行政处罚权;城市规划管理方面法律、法规、规章规定的行政处罚权;城市绿化管理方面法律、法规、规章规定的行政处罚权;市政管理方面法律、法规、规章规定的行政处罚权;环境保护管理方面法律、法规、规章规定的对社会生活噪声污染、建筑施工噪声污染、饮食服务业油烟污染及城市垃圾污染的行政处罚权;工商行政管理方面法律、法规、规章规定的对无固定经营场所的无照经营行为的行政处罚权;公安交通管理方面法律、法规、规章规定的对在人行道上违规停放车辆行为的行政处罚权。"1"指省、市人民政府规定和有关部门依法委托的其他职责。

二、宜昌城市管理的机制

"机制"指的是有机体的构造、功能和相互关系,泛指一个工作系统的组织或部分之间相互作用的过程和方式,宜昌市通过完善城市管理体制,着力构建了一系列城市管理的新机制。

(一)数字化机制

数字化城市管理是运用数字和网格技术等现代技术手段,实施现代化城市管理模式的系统工程,是全面提高城市日常管理和应急处置水平的有效措施。

1. 数字化城市管理的组织体系建设

构建"一级监督、二级指挥、三级处置、四级网络"的数字化城市管理模式。实行市级集中监督,市区两级分级指挥,市区和街道三级处置,形成市、区、街道和社区四级数字化城市管理网络体系。在市一级设立监督指挥中心(办公室地点设在市城管局),负责监督、指挥、协调全市数字化城市管理工作。下设监督中心和指挥中心,实现监管分离、协同管理。监督中心为发现问题和综合评价系统,指挥中心为派遣任务和处理问题系统。各区设立数字化城市管理指挥中心,实行市、区信息共享,区级不独立建设信息平台。

2. 数字化城市管理的制度体系建设

为保障数字化城市管理系统的有效运作,宜昌市制定出《宜昌市数字化城市管理事件指挥手册(试行)》、《城市管理部件、事件监督手册》、《城市管理部件、事件处置(指挥)手册》、《城市管理综合绩效考核办法》,从而建立了比较完善的监督、处置和考核制度，形成一套科学的城市管理监督评价体系，对各地区、各相关部门及相关岗位实施城市管理的工作过程和绩效等进行综合评价。建立评价模型，由系统自动生成评价结果，并与目标考核、效能考核挂钩，切实做到奖惩兑现，并向社会公开。

3. 数字化城市管理的信息系统建设

充分利用电子政务专网、液晶显示大屏、空间地理信息平台、社区E通、12345市长专线呼叫中心等渠道和平台，提供数字化城市管理信息系统所需要的软硬件条件和安全防护措施，保障市数字化城市管理指挥中心与部门、区、街道、社区之间的协同运作。按照建设部颁布的行业标准和技术指南，建设监管数据无线采集、监督指挥中心受理、协同工作、地理编码、监督指挥、综合评级、应用维护、基础数据资源管理、数据交换等基础子系统，并根据实际需要增设扩展子系统。

4. 数字化城市管理的基础数据建设

数字化城市管理需要使用的数据主要包括基础地形数据、单元网格数据、部件数据和地理编码数据。依托宜昌市电子政务基础地理信息提供的电子地图、影像图等建立基础地形数据库；依托市网格化管理的网格数据建立单元网格数据；城市部件审查及地理编码、事件分类编码，由专业部门进行地理勘测，建立基于网格数据的管理部件、事件数据和城市地理编码数据库。

5. 数字化城市管理的专职队伍建设

包括数字化城市管理工作所需要的信息采集员、监督指挥中心受理员和派遣员队伍建设。信息采集员由现有网格管理员及专业巡查员担任。

6. 数字化城市管理的组织管理和经费保障

成立宜昌市推进数字化城市管理工作领导小组，负责组织协调推进宜昌市数字化城市管理工作。领导小组下设办公室，具体负责数字化城市管理的日常监督、指挥、协调等工作。同时，宜昌市各职能部门对数字化进行分工负责，市电子政务办负责数字化城市管理项目建设；市城管局负责组建相应工作机构，提供相关基础数据；市发展改革委负责数字化城市管理项目的立项和审批；市财政局负责数字化城市管理工作的经费保障；市委编办负责按照住建部和省住建厅的有关要求提出数字化城市管理专门机构设置和人员编制方案，由市编委会研究决定。市城市综合管理委员会各成员单位各负其责，协调配合，共同做好数字化城市管理工作，相关单位组建成城市管理处置中心。数字化城市管理系统建设和运行费用纳入市、区两级财政预算。

7. 数字化城市管理的推进和实施

宜昌市数字城管系统从2008年开始筹建，系统建设总体方案于2011年7月通过国家住建部专家组论证，在全省属于第一家。按照"统一规划、分步实施"的工作思路，宜昌市数字化城市管理建设分两期实施。第一期，2012年6月以前，建立市级城管监督指挥中心和西陵区、伍家岗区、宜昌高新区、夷陵区城管指挥中心，建立各区各部门的内设处置机构，完成相关制度建设。随后，开展城市管理部件信息普查，建立数字化城市管理数据库。同时，开发数字化城市管理信息系统，完成9大标准子系统及相关扩展子系统的建设。第二期，2012年年底以前，将城区其他各区及市城市综合管理委员会成员单位，纳入数字化城市管理范围，全市基本实现数字化城市管理。数字化管理信息系统与电子政务专网、中心机房、12345呼叫中心平台实现资源共享，并与城区公安视频监控系统进行对接，可以实现对城市管理重点部位的实时监控。

目前，宜昌市数字城管项目一期建设任务已基本完成，中心城区城市管理初步实现由人工化向智能化升级。一期数字城管体系整合城市管理专业单位14家、服务单位4家、区级城市管理平台6个，与消防、供水、移动、楚天数字等多家部门实现联动。普查中心城区7大类、91小类，共40.7万个城市部件，建立了城市管理部件数据库和700公里可量测实景影像。接入视频监控探头3000多个，此外，数字城管背景底图数据库、地理编码数据库、管理网格数据库和实景三维影像数据库均已完成。2010年通过数字城管系统处理群众诉求3600件，通过增强主动发现问题的能力，提高问题处置的质效，2011年处理12000件，2012年处理案件量达到了36000件，办结率达98.5%。

总之，宜昌数字化城市管理模式大大提高了宜昌城市管理的效能，促进了城管从"被动应对"向"主动服务"，从粗放向精细转变的新格局的形成，全面提高了宜昌市的城市管理水平。在2012年6月贵州省贵阳市召开的全国数字化城市管理应用技术培训班上，宜昌市数字城管建设和应用经验在全国推广。（见第六章附材料2-1）

（二）网格化管理机制

2011年3月，宜昌被确定为全国社会管理创新试点城市，全面开展社区网格化管理，按照"街巷定界、规模适度、无缝覆盖、动态调整"原则，宜昌城区的127个社区，被划分成了1110个网格（城区调整后为1421个），各县市城关镇54个社区划分为628个网格。每一网格涵盖200～300户居民，配备有一名专职"网格员",综合履行公安、综治、人社、民政、计生、城管、食品安全7项信息采集和综合服务。1110个社会管理网格被定位为城市管理基础单元,在CIS地图上实现"身份证"管理。1110个网格管理员为履行城市管理方面的基本职责,每天必须对所在网格进行巡查,或上门入户调查,对辖区市民投诉或现场发现的违章搭建、占道经营、油烟扰民、污水外溢等现象,都可通过全市联网的社区E通,直接上报并在城市管理监督指挥中心平台上显现,根据上报信息,指挥中心对城市管理监察中队可以直接指挥,实现快速查处。网格员参与管理,形成了城管"执法队员＋网格员"的新型城管模式,大大提高了城管执法的效率。

(三)部门联动机制

城市管理并不简单只是一个市容环境卫生管理,它还包含了公安交通秩序、城市绿化、建设规划、市政、工商行政、食品卫生以及环境保护管理等八大内容。只有形成多个部门的有效联动,建立长效机制,才能提高城市管理的工作水平。宜昌为此建立了城市管理的联动机制:

1. 设立联动互助机构。如公安执法与城监执法联动。市公安局在市城市管理监察支队设立民警室,配合城管执法,从而为城市管理执法提供了有效的支持和保障。

2. 设立联动互通平台。建立了城管与电子政务专网、中心机房、12345呼叫中心的互通。建成区级城市管理平台6个,与消防、供水、移动、楚天数字等多家部门实现联动。此外,从2011年起,宜昌市城管局针对全系统内部接收信息渠道较多现状,搭建起统一受理指挥的社会服务平台,将直属单位15条服务热线整合到城管110(即6850110、6850111),建成宜昌城市管理监督指挥中心,同时与市公共诉求网、政风行风网、社会矛盾联动化解网实施对接,一线贯通所有信息渠道。

3. 明确联动部门的职责。针对41家参与城市管理的部门,宜昌市城市综合治理委员会于2013年6月印发《宜昌市城市综合管理委员会成员单位职责》的通知,制定了成员单位职责规定,根据该规定,相关单位被划分为执行类和保障类,分别具有相应的职责。(见第六章附专题材料2-2)

4. 实施联动督办。第一,要求各成员单位把城市管理工作(环境综合整治工作)纳入年度工作主要目标,并制定工作方案。第二,市城管委每月召开工作例会,通报城市管理情况,督办工作进度。建立信息报送制度,各成员单

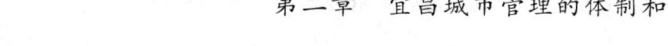
第二章 宜昌城市管理的体制和机制

位每周将工作进展情况及总结报市城管办。

（四）社会动员机制

城市管理的内容丰富且涉及面十分广泛，为此必须建立社会动员机制，发动整个社会参与城市管理。

1. 创立百姓城管队伍

一是开展"城管志愿者服务项目"。宜昌市建立了400余名城管志愿者组成的"学雷锋志愿者服务队"，在全城各条主次干道的十字路口，以及各大公园广场进行文明劝导，并开展便民服务。

二是成立宜昌市城市环境卫生协会。该协会由宜昌市从事城市环境卫生行业生产（或销售）的企业、个体工商户和相关经济组织自愿组成。协会的宗旨在于协助业务主管单位开展行业管理工作，加强横向联系，在政府与企业之间起桥梁和纽带作用，促进宜昌市环卫事业的发展。2013年4月，为适应城区城市管理体制改革和现代化特大城市建设，宜昌市城市环境卫生协会变更为宜昌市城市管理协会，增加市政设施及排水管理养护、停车管理、园林绿化管理、城市管理及执法等业务范围。变更后的宜昌市城市管理协会将为行业健康发展做好服务，引导城市管理的各行业响应市委市政府号召，共同促进全市城市管理工作水平不断提升。

2. 探索出一批有效的群众参与城管的途径和方式

利用电台、报纸、电视台、城管网站等各种平台，大力宣传城管工作，增强群众对城管的了解和理解。通过推行市容环卫责任区制度、评选最美社区等活动积极引导群众参与城市管理。通过新闻媒体、政务公开、聘请义务监督员等方式鼓励群众对城市管理进行监督。

3. 实现群众参与的规范化和长效化

出台《关于广泛开展"讲文明树新风"志愿者服务活动的通知》、《宜昌市城市管理局开展"讲文明树新风"志愿者服务活动实施方案》等规范性文件，对志愿者的具体服务内容、范围、工作量、人员数量、活动具体时间及志愿者标识等予以明确，形成群众参与城市管理的长效机制。（见第六章附专题材料2-3）

4. 实行城管保证金制度

对宜昌"大城管"中的参与部门，实行城管保证金制度，如果他们进行城市管理的工作有一定绩效，获得百姓认可，保证金返还，并进行一定奖励。以此调动社会其他部门对城管参与的积极性。

（五）机械化、市场化作业机制

1. 机械化作业

为提高作业管养效率和质量，推行环卫机械化作业。2012年宜昌城管投入1825万元，购置环卫清扫车、洗扫车、电动保洁车71台，城区道路机械化清扫率达到35.2%，在2011年基础上提升了10个百分点。

2. 市场化作业

坚持社会化、市场化、专业化改革方向，在市政设施维护、园林绿化养护、环境卫生作业等领域，推行管理权与作业权相分离，形成管理效能化、建设市场化、作业专业化的城市管理新格局。为此，宜昌市建立了环卫作业实体资质资格管理制度。制定出《宜昌市城区环境卫生服务企业淘汰管理暂行规定（试行）》、《环境卫生作业质量考核制度》，实行作业质量考核"黄牌警告、红牌淘汰"，加强了作业市场监管。健全了城管执法与作业单位联勤执法机制。推行市政设施大宗材料采购询价方式。执行《关于加强公园广场经营项目审核管理的通知》，对公园广场经营项目实行备案制和报批制，规范了广场经营秩序。目前，宜昌市区道路清扫保洁、"野广告"治理等作业任务市场化率达到100%，各区的环境卫生作业、市政设施维护、公园绿地管养基本实现市场化运作，保洁质量和效果明显改善。（见第六章附专题材料2-4）

（六）高效协调机制

城市管理包含市容市貌、环境卫生、城市规划、市政设施、公用事业、交通秩序、城市绿化、市场秩序等多方面管理内容，必须建立相应的协调机制，才能使各单位既分工又合作，及时有效地行使城市管理职责。在此方面，宜昌市主要通过市城市综合管理委员会（市长任主任，人大、政协、分管副市长等市领导任副主任），协调市直、各区、各相关企业的53家成员单位。在制度上，主要通过召开"现场会"进行协调。2013年8月已召开第一次全会，宜昌市马市长要求以后每月至少召开一次会议。通过现场会的召开，及时发现、解决有关问题，并形成会议纪要，协调并督促有关职能部门抓好落实。

（七）检查督办机制

为保障城管各项工作的完成，必须建立检查督办机制。检查督办的对象包括城市管理机构及其工作人员。

第二章　宜昌城市管理的体制和机制

1. 城管执法督察

第一，督察机构。根据宜昌市城市管理局的工作职责，宜昌市管理局负责城区城市管理综合执法的统一指挥和检查监督工作。宜昌市城管执法局监察支队负责全市城市管理行政执法督察工作。

第二，督察内容。城管执法督察工作内容包括对城管执法机关、机构及其执法人员依法履行职责情况进行督察；对城管执法队容风纪、规范执法、文明执法和日常巡查进行督察；对城管"五要十不准"及城管标识使用进行督察；对上级领导交办的重大案件和重大事项进行督察。对不认真履行职责、工作不落实、落实不到位或不作为、乱作为的个人，督察处理可做出取消评比先进的资格、离岗培训、调离执法岗位、取消执法资格等处分，特别严重的甚至可以建议予以辞退或者责令引咎辞职、行政处分。

第三，督察方式。一是组织开发了"网络督办"系统，通过城管综合信息平台对督察工作中发现的问题进行督办，被督办单位可通过网络直接对督办问题落实情况进行回复，不仅提高了督察工作效率、节约了开支，而且增强了督察工作的透明度，提高了督办检查工作技术含量。二是开展了督察人员与基层执法人员交流学习活动，每月安排一名至两名督察人员到基层执法支队进行学习，协助支队开展工作，同时从基层执法支队选调同等名额的优秀执法人员到督察大队检查督办科体验督察工作。通过交流学习，进一步提高督察人员综合能力和素质，切实解决督察工作与基层执法管理工作脱节的现象，有效提高了督察人员分析问题、解决问题的能力，同时也帮助中队解决了重点、难点问题。三是通过实行空档时间、双休日联合督察的方式，强化了市、区两级督察联动机制。四是实行支队人员安排每周一报制度，加大了对人员到岗到位和考勤制度落实情况的督察力度。

2. 治庸问责工作督察

由宜昌市委市政府治庸问责工作领导小组及其办公室负责对治庸问责工作督促检查，主要采用听取报告的形式。各县市区、各专项问责办法涉及的市直相关部门每半年要向市委市政府治庸问责工作领导小组及办公室报告一次工作情况。市委常委会每半年要听取一次市委市政府治庸问责工作领导小组办公室的工作汇报，同时将开展治庸问责的情况纳入领导班子和领导干部实绩考核的重要内容，纳入党风廉政建设考核的重要内容。市委督查室、市政府督查室定期开展对治庸问责工作情况的督促检查。对领导不得力、措施不到位、责任不落实的部门和单位，予以通报批评，并追究相关领导的责任。

（八）应急管理机制

为迅速有效处置突发事件，及时化解社会矛盾，排除隐患，避免和减少突发事件发生所造成的危害和损失，宜昌市城市管理局将加强城管部门应急管理能力建设融入社会服务管理创新工作。

1. 建设应急组织体系。2012年，宜昌市城市管理监督指挥中心成立，为宜昌市城管局管理的副县级全额拨款事业单位，综合履行全局系统社会矛盾联动化解、城市管理应急处置以及监督指挥考核等多项职能职责。在高位独立的应急体制框架下，宜昌市城管局成立了城市应急管理指挥部，由局党组书记、局长任指挥长，分管局长为副指挥长，将应急管理工作办公室与城市管理监督指挥中心合署办公，具体负责政务值班、信息报送、任务派遣、处理反馈等应急日常事务。制定出《关于进一步加强重大突发事件信息报送工作的通知》，要求在特殊敏感时期及重大节假日，着重强调政务值班与信息报送工作，局党组成员在监督指挥中心轮值，现场向相关责任单位交办群众诉求，实行严格的领导包案及签字销号制，以此增强城管系统各单位处置突发事件的责任感和紧迫感，提高应急管理能力。

2. 组建应急运行机制。组建了城市管理监督指挥中心、社会矛盾联动化解中心、应急管理指挥处置中心，实行"三心合一""三环运转"的运行机制，调整局属14家单位日常运行模式，成立处置中心，组建应急队伍，实行24小时AB角值班制，对接城市管理监督指挥中心构成了"第一环"应急处置体系；要求西陵区、伍家岗区、点军区、猇亭区、宜昌开发区、葛洲坝城区建管部门联入电子政务专网，建立处置中心，接受城市管理监督指挥中心指令，形成了"第二环"应急处置体系；推动城管委其他负有具体城管职责的成员单位成立处置中心，对接城市管理监督指挥中心，形成"第三环"应急处置体系。

3. 建立应急业务流程。通过明确社区网格员、城市管理监督指挥中心、各处置中心等三个节点的职能职责，建立了包括信息收集、案件建立、任务派遣、任务处理、处理反馈和核查结案等6个阶段的应急业务流程，一个由市级监督指挥中心和20个处置中心构成的监管分离与协同的局面已初步形成，促使了城市管理综合效能聚变放大和应急管理能力的提高，2012年以来，高效优质地解决了10934件群众诉求，处置时间平均缩短30分钟，80%的城市管理问题可在半天内处置完毕，从而消除了公共危机产生的诱因，赢得了宜昌市民群众的广泛赞同。

第二章　宜昌城市管理的体制和机制

4. 编制应急预案体系。第一，编制实施"十二五"应急体系建设规划。根据科学性、针对性、可操作性的原则对突发事件应急平台、预防预警、应急处置等方面的项目进行统一规划。之后又以《突发事件应对法》为指导，根据《宜昌市突发事件总体应急预案》，结合城市管理职能职责，进一步完善应急预案体系，编制、修订、完善14类应急预案和桥梁、防汛、特种废物处置、儿童游乐设施等专项应急处置预案，实现了"横向到边、纵向到底"的要求。第二，加强应急预案演练。按照《市人民政府关于进一步加强应急管理工作的通知》的要求，城市管理局组织城区防汛应急队伍、绿化抢险应急队伍开展实战演练，2012年全年应对城区3起暴雨黄色预警天气过程，共应急处突17次，出动人员100余人次，车辆32台次，快速处理了14处树木倒伏事件，保障了市民安全出行环境。

5. 建设应急信息化指挥平台。2012年，宜昌城市管理局统筹数字化城市管理平台与应急信息化指挥平台建设，开发了数字城管应用软件，完成了无线数据采集子系统、监督中心受理子系统、大屏幕监督指挥子系统等9个基础子系统的研发工作。并通过9大基础子系统将信息收集、案件建立、任务派遣、任务处置、处置反馈、核查结案、综合评价等环节关联成一个闭环的工作流程，将信息员队伍、市级监督指挥中心、区级指挥中心、相关专业处置部门构建成统一的、有机的数字化城市管理应急指挥体系。与此同时，对涉及3个区1个开发区，16个街道办事处，1086个社区网格，43个管理部门，7大类、91小类的城市部件进行普查，采集部件数据377508个，为城市部件提供空间位置参照的地理编码数据29769个、可量测实景影像数据700公里、360度连续全景影像400公里。建立了数字城管背景底图数据库、城市管理部件数据库、地理编码数据库、管理网格数据库和实景三维影像数据库，为实施数字化、精细化城市应急管理打下了基础。

6. 统筹设置公共安全基础设施。2012年宜昌市城管局增添一批应对突发事件所必需的设备和基础设施，保持应急避难场所、应急通道等公共安全基础设施的完好，在公园广场设立明显的避难标志，加强了维护管理，保证其正常指示功能。

7. 开展突发事件的预防。2012年，在94家市长热线承办单位中，宜昌城市管理局率先将城管热线与12345市长热线并线联网运行，统一接受群众和市长热线的监督考核。为了提高回复质量和群众满意率，城管局分门别类建立了回复模板，并在局属各处置中心推广使用。2012年市长专线交办城管局

5220件群众诉求,办结率从低于70%攀升至95%以上。城管局同时协同信访专职工作人员,加大信访维稳工作力度。截至2012年11月,城管局承办134件城市管理方面的社会矛盾,办理130件,余下4件处于办理中,办结率达到97%。此外,扎实开展"大排查"、"大接访"活动,严格落实政务值班及重要信息报送制度,局信访室全年办理群众来信138件,接待群众来访63批,96人次。息诉罢访130件,有效结案率达到70%,规范了信访工作秩序,实现了综合治理"六个不发生"的工作要求,有效预防了突发事件的发生。

(九)监督考核机制

城市管理能否取得实效,关键在于能否调动城市管理各方的积极性。为此,规范与完善城市管理考核,也成为宜昌城市管理工作中的重中之重。

1. 实现考核制度的规范化。宜昌市相继出台了《宜昌市县市区城市管理工作目标考核办法(试行)》、《防违控违考核细则》、《市城管局目标考核管理规定》、《2013年县市城市管理工作检查考评方案》、《宜昌市城区城市综合管理考核办法(试行)》、《宜昌市城区综合管理考核实施细则(试行)》,从而使考核做到了有章可循、有据可依。

2. 实现考核制度的体系化

(1)明确考核组织。城区城市综合管理考核由市城市综合管理委员会办公室统一组织,具体由市城市管理局、市园林绿化局以及其他相关单位进行考核,县市城市管理考评工作由市城市综合管理考评工作领导小组办公室组织实施。

(2)实行目标责任制。为了确保城管工作落到实处,将城市管理纳入市委市政府对各县(市)区政府年度工作目标考核体系。市人民政府印发了《宜昌市县市区城市管理工作目标考核办法(试行)》。在市政府目标考核办法中,对各区政府的目标增加城市管理考核指标,分数权重由最初的6分提高到10分,占考核分值的10%。各区城市管理由市城管局考核,城管部门有了一定话语权。对区级城管部门,每年由局主要领导与各区城管部门"一把手"签订《目标责任管理书》,明确规定应该完成的工作目标、主要任务和奖惩措施。通过日常检查、随机抽查、集中考核等方式,以《城市管理》简报的形式向各区政府通报,并在第二年城市管理工作会议上兑现奖惩。对县(市)城管部门,将夷陵区纳入主城区城市管理考核范畴。对局系统内部,实行基础目标与个性目标相结合的"双百分"目标责任管理模式。局领导与10个机关科室和14个局属单位签订《目标责任管理书》,年终集中打分,根据分值高低予以奖惩。

(3)健全考核指标体系。通过制定《2013年县市城市管理工作检查考评方案》、《宜昌市城区城市综合管理考核办法(试行)》、《宜昌市城区综合管理考核实施细则(试行)》,宜昌市分别建立了县市及城区城市管理考核的指标体系及考核标准。

在城区城市管理上,针对城区设计出三级考核指标体系,该指标体系包括4项一级指标、15项二级指标、63项三级指标。其中一级指标包括:日常工作考核、专项工作考核、数字城管案件办理考核、重大问题即时扣分项。二级指标包括环境卫生、市容秩序、市政设施、门前三包、城市农村近郊环境、园林绿化管理、查违控违管理、建筑垃圾管理、广告和店招店牌设置管理、城管执法及队容风纪、街面秩序、突发事件等。三级指标包括:机械化洗扫、洒水降尘、道路清扫、道路保洁、垃圾收运、公告厕所管理、垃圾容器管理、环卫车辆管理、垃圾转运站、出店占道经营流动摊贩管理、临街施工管理、夜市管理、野广告管理、临街晾晒、人行道停车、临街建筑立面、人行道、车行道、排水管网、人行天桥地下通道、路缘石及卧石、隔离墩、检查井、雨水蓖、沟盖板等。日常工作考核、专项工作考核、数字城管案件办理考核、重大问题即时扣分项实行的是月度考核,除此之外,考核还有每年一次的重点工作考核,主要是针对市人民政府给城区各区人民政府下达的城市管理的年度重点工作任务及市城市管理局与各区签订的年度目标责任书。具体考核项目、内容、评分标准根据各区目标责任书制定。

在县市城市管理上,考核分为明察与暗访。明访的考核包括6项一级指标、18项二级指标、28项三级指标。其中一级指标包括:组织建设、长效机制建设、环境卫生管理、防违防控管理、临街立面整治、城管队伍建设。二级指标包括:政府重视、城管体制顺畅、工作运行规范、建立长效制度、建设数字城管、完善规划体系、师范路建设、背街小巷路面硬化、垃圾收运体系健全、生活垃圾无害化处理、违章建筑治理、门店招牌治理、建筑立面治理、规章制度健全、执法保障有力、执法行为规范、执法形象良好、注重城管文化。三级指标包括:将城市管理纳入政府工作目标考核体系、定期召开会议、研究解决城市管理问题、确立工作目标,有计划、有步骤重点开展城市市容环境综合整治工作、完善城市管理体制强化城市综合管理职能、建立协调督办机制、推进城市综合管理委员会实体运行、建立城市管理检查考评奖惩机制、建立城市管理市场化运作机制、建立城市管理经费投入保障机制等。除以上明访项目外,还设定了暗访的指标体系，包括环境卫生管理、城市容貌管理2项一级指标；环境卫生整洁、垃圾收运体系健全、公厕管理规范、广告杂乱治理、道路拥堵治理、立面破旧治理、沿街为市治理、绿化缺失治理、建筑垃圾管理、基础设施管理7项二级指标。另外还包括市容环境整洁、垃圾容器设置管理规范、垃圾转运站管理规范等23项三级指标。

总之，宜昌通过考核指标体系的建设，力求准确、科学地对各考核单位的工作实效进行测算。

(4)规定具体的考核机构、考核方式及考核的权重。在制定出系统的考核指标同时，针对各项目的考核，分别明确了考核的具体实施部门、考核权重、考核方式及考核计分方式。在城区城市管理考核中，规定日常工作考核由市城市管理局机关、市城市管理监督指挥中心、市政环卫处、城市管理监察支队、城市管理义务监督员考核，采用日常巡查、子项检查、综合考核三种方式，考核占月度考核50%的权重。专项工作考核由市政环卫处、市园林局、城市管理监察支队负责，考核采用明察或暗检方式按月组织实施，考核占月度考核20%的权重。数字城管案件办理考核由城市管理监督指挥中心负责实施，由数字城管业务系统每月自动生成考核结果，考核占月度考核30%的权重。在实施各类考核中对市民投诉及媒体曝光等重大问题实行即时扣分，但每月扣分最高不超过5分。重点工作考核由市城市管理局组织，市园林局、城市管理监督指挥中心、市政环卫处、城市管理监察支队参与实施，每年进行一次，占年度考核20%的权重。市城管委各成员单位考核得分由数字化城市管理系统自动生成。最终，各区城市综合管理考核得分按各项考核成绩加权计算：各区月考核得分＝日常工作考核得分×50%＋专项工作考核得分×20%＋数字城管案件办理考核得分×30%；各区年度考核得分＝全年月考核成绩×80%＋重点工作考核成绩×20%。

在县市城市管理考核中，县市城市管理考评工作由市城市综合管理考评工作领导小组办公室组织实施。考核中的暗访上、下半年各一次，主要是检查现场，由受检县市提供城区全部道路和进出城通道等信息，由考评办随即抽查，以城区主干道为载体辐射沿线周边区域。检查进出城通道、主干道不得少于10000米，次干道不少于500米，背街小巷不少于200米。明查年底进行一次，采取汇报、查资料、看现场等方式进行。考核内容主要是与各县市签订的《2013年度城市管理工作目标责任制》。最终县市城市管理工作总成绩＝上半年暗查得分×40%＋下半年暗查得分×40%＋年底明查得分×20%＋加减

第二章 宜昌城市管理的体制和机制

分值;县市年度目标"城市管理成效"考核得分＝县市城市管理工作总成绩×县市年度目标"城市管理成效"分值÷100。

(5)建立严格的奖惩制度(城区)。第一,设立考核专项资金制度。设立年度城市综合管理奖惩专项资金,用于对各区城市综合管理工作进行考评奖惩,实行专户管理。专项资金由各区上缴的考核保证金和市财政配套的奖励资金构成,每年1400万元,其中夷陵区、西陵区、伍家岗区、宜昌高新区各上缴保证金200万元,点军区、猇亭区各上缴考核保证金100万元,市财政配套400万元。对当月考核达到各区平均分数或超过90分的区,返还其所缴考核保证金的月均额度。第二,规定了具体的奖罚标准。对当月排名前三位的区进行奖励。对夷陵区、西陵区、伍家岗区、宜昌高新区按照第一名12万元、第二名10万元、第三名8万元的标准进行奖励;对点军区、猇亭区减半奖励。上述奖励资金实行月核定、季划拨。对月考成绩在各区平均分数以下且低于90分,且排名倒数后两位的区扣罚一定额度的考核保证金。对夷陵区、西陵区、伍家岗区、宜昌高新区按照倒数第一名10万元、倒数第二名8万元的标准进行扣罚,对点军区、猇亭区减半扣罚。第三,规定了奖励资金的使用。各区所获奖励资金的40%用于城市管理工作经费,60%用于奖励城市管理工作先进的单位和个人。各区每季度须向市城管委办公室报备奖励资金使用情况。第四,规定了考核不合格的后续措施。连续两年考核居于末位且考核成绩低于90分的区,须向市城管委书面说明原因,提出整改措施;连续3个月考核居于末位且考核成绩低于90分的区,由市委、市政府约谈其党政主要负责人。

(6)规范考核结果的运用。考核结果由市城管委办公室负责通报。每周通报城市综合管理考核情况,组织市、区相关部门分析研究问题,提出整改要求,对整改情况进行跟踪督办。每月通报城市综合管理月考核情况,通报由分管副市长签发,并呈报市委、市政府主要领导及相关市领导。市城管委办公室负责对通报涉及的整改事项进行检查督办。年终将各区城市综合管理考核成绩报市目标办作为各区政府年度责任目标中"城市管理成效"的最终得分。通过媒体公布城市综合管理考核成绩和排名,并作为评选"城市管理最佳城区"、"城市管理先进单位"的重要依据。

在县市考核中,每次暗访结束后将存在问题向受检县市反馈,并对重点突出问题发整改通知单,受检县市在规定的期限内将整改情况报考评办。各县市考核结果将形成评价报告,内容包括总体评价、特色亮点、存在问题、得分等,年底汇总上报市目标办和省住建厅,并向各县市通报考核结果。

第三章
宜昌城市管理的基本模式

宜昌市在全国城市文明创建中获得多项殊荣,也获得了宜昌居民的交口称赞,这与宜昌城市管理的一套科学合理、切实可行的城管模式分不开。该模式的核心内容是:"以创新机制体制为根本,内抓管理、外建和谐、夯实基础、突破难点。"

一、创新体制机制

工业化和城市化的快速推进,对城市管理提出了更新更高的要求,城市管理必须与时俱进、开拓创新,才能适应日新月异的发展变化的需要。当前,解决城市管理中存在的问题,必须从体制机制上找原因和谋出路。宜昌将创新体制和机制作为优化城市管理的根本,扎实推进城市管理体制机制的改革,取得重大突破。

一是形成体制机制新格局。宜昌市城市管理局充分借鉴外地经验,会同政府研究室、财政、编办等部门赴株洲、襄阳等地开展市区城市管理体制专题调研,形成调研报告报市政府。参加市党政代表团赴"三省八市"实地调研,分行业深入扬州、镇江、南通、武汉等地了解情况,参与市委市政府《关于创新城市建设管理体制机制全力推进现代化特大城市建设意见》的研究和起草工作,制定了《创新城市管理体制机制方案》,在广泛征求相关部门及各区政府意见后,经市委常委会议讨论通过,确定了"市管全局、区管具体、多方参与、权责一致、运转高效"的城市管理体制改革思路和"平稳有序、稳步推进"的改革原则,城区城市管理体制机制调整优化工作全面起步。

二是建成运行数字城管一期工程。市委批准成立宜昌市城市管理监督指挥中心,数字城管机构设置取得重大进展。城区数字城管系统分两期建设,一期覆盖3个区、1个开发区65平方公里范围。已完成城市管理部件普查,涵盖7大类91小类部件40.7万个,采集实景影像和360度全景影像1100公里,基本建立了"统一规范、动态更新"的城市管理数据库。加快推进数字城管软件系统建设,按照"9＋X"模式,完成了无线数据采集、监督中心受理等9个基础子系统,中心城区数字化城市管理升级运行。强化主动发现、快速处理能力,2012年全年受理并处置案件36000件,是2011年的3倍,结案率达到98.5%。城市管理监督指挥中心"中枢神经"的作用日益显现,领导群众关注度日益提高,正在成为宜昌城市管理的新名片。

三是加快作业方式升级换代。大力推行环卫机械化作业。2012年投入1825万元,购置环卫清扫车、洗扫车、电动保洁车71台,城区道路机械化清扫率达到35.2%,同比增加10个百分点。继续推进市场化作业。市区道路清扫保洁、"野广告"治理等作业任务市场化率达到100%,各区的环境卫生作业、市政设施维护、公园绿地管养基本实现市场化运作。加强作业市场监管,出台《宜昌市城区环境卫生服务企业淘汰管理暂行规定(试行)》,实行作业质量考核"黄牌警告、红牌淘汰",作业市场化水平不断提升。

四是成型考核评比机制。城市管理工作纳入各县市区政府、乡镇(街办)、村(居)目标责任管理范畴,建立了层级目标管理体系。加强制度建设。出台了《宜昌市县市区城市管理工作目标考核办法》、《防违控违考核细则》、《市城管局目标考核管理规定》、《宜昌市城区城市综合管理考核办法(试行)》、《宜昌市城区综合管理考核实施细则(试行)》等文件,考核做到了有章可循、有据可依。加强考核队伍建设,考核中心整体归并到市城管监督指挥中心,机构设置更加科学合理。建立与市网管中心联席会议制度,网格管理员城市管理工作积极性和效率进一步提高。组建20人的城管专职巡查考核队伍,与社区网格管理员共同组成了数字城管信息采集员队伍,确保了城市管理问题主动发现、快速处理。调整考核方式。建立了日巡查、周考核、季通报、年兑现考核制度,城市管理考核实现"过程监管、动态扣分"。投入10万元,首次实行城市管理质量第三方考核,确保了考核公信力。分管副市长签发考核通报,考核结果与年度责任目标、评先评优等相结合,考核杠杆作用得到充分发挥,有力地推动了城市管理水平的提升。

二、夯实城管基础

认清城市建设、管理的基础问题,夯实基础是城市管理功能发挥的基本要素,是保障城市各项功能得以正常运转的重要支撑。宜昌在城市管理中坚持从细处着手,从基础着手,不断强化市政环卫园林的日常管养,一手抓增量,一手抓提质,确保作业水平稳步提升。

一是基础设施扩容提质。加强公园绿地建设,桂花园建成对外开放,腊梅园"三通一平"完工,猇亭市民广场等一批公园广场加快建设,保证每年公园绿地面积平稳增长。加强环卫设施建设。垃圾焚烧发电项目获得省发改委批准,餐厨垃圾处理项目获得启动,宜昌市成为全国餐厨废弃物资源化利用和无害化处理第二批试点城市,完成王家湾等12座垃圾转运站、公厕、环卫作息点等综合体的选址、设计工作。刘家大堰环卫停车场主体工程完工,黄家湾填埋场封场工程前期工作完成。

二是推进垃圾分类收集处理。投入110万元,在西陵一路等5条主要道路上设置分类式收集容器292个,在碧翠苑等小区开展试点,组织编制垃圾分类收集、中转、处置体系建设可研报告,垃圾分类收集取得阶段性进展。医疗废弃物处置工作成效显著,已基本实现宜昌市医疗废弃物无害化收集处理全覆盖。

三是提升园林绿化水平。优化植物配置。立体搭配乔灌花草,扩大色叶植物规模,2012年全年新栽黄金槐等色叶植物5000平方米,"季相分明,四季见花"的园林景观初见效果。实施"美池添椅"工程。增添行道树树箅1488个、休闲座椅23套,道路绿化配套设施日益完善。加强日常管养。扎实开展植物"换植、培肥、整形"工作,累计更换、补植乔灌木22.5万株,栽花布花120余万株(盆),修剪草坪119万平方米,管养更加精细。

四是提速市政设施的维护养护。加强道路管护,2012年维修改造城区道路1.8万平方米,背街小巷硬化率达到100%,完成中心城区车行道维修3033平方米,完成人行道维修16725平方米,清疏排水管网12.45万米,维修及时率和市政设施完好率均保持在100%,市民出行更加方便。高度重视设施安全管理,检测维修云集隧道拱顶,完成了云集天桥检测维护,城区桥梁、隧道安全畅通。

五是规范道路停车管理服务。实施"五统一",即统一收费标准,统一票据,统一挂牌着装,统一标识标牌,统一培训持证上岗。完善内部制度、加强监督考核,完善道路停车场管理设施,强化文明收费服务管理,提升文明收费水平,为市民提供优质服务。新增道路停车泊位158个,目前中心城区道路停车泊位达到3078个,泊位总量达到9800余个(不含小区),日均吸纳停车5700

台次以上,进一步缓解了"停车难"。

六是落实防汛排涝污水的整治责任。调整了城防办、局防办、处防办成员单位和职责分工,实行"三办合一"运转机制。修订防汛预案,对城区8处防汛水系设施、30处道路低洼渍水点、4个地下通道排水设备及3处泵站等城区防汛重点区域进行了排查、整改,改造了李家湖泵站,确保了城区安全度过汛期。出台《宜昌市城区污水外溢处置管理暂行办法》,实行市区两级分级处置、监管。2012年共接诉污水外溢727件,办结率95.18%。其中,市级承办470件,办结率99.78%。各区污水外溢治理开始市场化探索,其中西陵区建设管理局开通的"福安热线"初见成效、伍家岗区也已引入社会专业单位进行污水外溢清疏工作,较好地改善了社区的人居环境。

三、破解城管难点

找准并围绕城市管理中的难点开展工作,是提高城市管理工作效率和水平的关键因素。宜昌在城市管理中始终把市容环境卫生作为城市管理的生命线,把破解"难点"、盯准"重点"作为提高城管效果的"牛鼻子",在治理广告杂乱、乱搭乱建、建筑渣土撒漏、不文明行为等方面强力实施综合整治,为加快建设现代化特大城市提供了一流的城市环境保障。

一是有序推进户外广告的清理整顿。克服一切困难,既说又练,敢说敢练,全面启动并持续开展户外广告专项整治。有力开展拆除行动,2012年拆除城区违法户外广告732块共6万平方米,2013年拆除城区违法户外广告6725平方米,并促使户外广告管理由事后拆除向前置规范转变。加强户外广告招牌设置管理。协调编制户外广告整治规划,制订夷陵广场周边户外广告牌设置方案并组织实施,两路两段户外广告规范升级。通过行政审批备案规范店招,统一了胜利四路、西陵一路等路段门店招牌的规格、样式和材质。户外广告招牌治理工作初步实现"减量、提质、安全、美观"的管理效果。

二是强力落实防违控违属地管理。牢牢把握防违控违关节,掐住违法建设的软肋。着力完善防违控违属地管理模式,落实属地管理责任,加强监督检查考核,防违控违工作取得重大突破。细化区、乡镇(街道)、村(居)及相关部门防违控违职责,建立了"三级管理、横向到边、纵向到底"的违建治理责任体系。突出治理新增违建。明确新增违建治理"1小时到达现场,1天内下达法律文书,1天内依法拆除"的工作要求。加大拆违力度。2012年全年拆除违法建筑物 7.68 万平方米,超出年度目标 28%。拆除城区新增违建 3.2 万平方米,新增违建处结率达 98%,同比提升 8 个百分点。强化检查督办。市政府督查室牵头,城管、国土等部门参与督办各区,全年检查督办 102 次,现场发现违法建设及违法用地 46 处,印发简报 33 期。各层级责任落实,管控到位。城区新增违建基本实现零增长,积存违建逐步减少,乱搭乱建势头得到有效遏制。

三是全面启动建筑渣土源头的治理。充分发挥城管委综合协调职能,改变分头管理模式,实施多部门联合联动,以抓运输企业为主,各部门通力协作,实现工地、运输、处置全过程监管,渣土撒漏现象得到有效遏制。多部门联合出台《关于加强城区建筑垃圾及散体物料运输处置管理工作的通知》,对运输公司实行核准制度。加强施工现场管理,协调住建部门在中心城区 14 个建筑工地设置车辆冲洗槽、硬化进出道路,有效防止车辆带泥上路。优化执法监管方式,与公安交警建立联合勤务工作机制,大力查处车辆沿途洒漏现象,结束渣土无序运输时代。

四是不断创新市容秩序管理方式。积极探索疏堵结合,以疏为主,以罚为辅的以人为本的市容管理新模式,力争从机制上促进市容规范有序。2012 年与媒体联合制作发布卖瓜线路图、卖橘线路图,开辟瓜果免费经营点 54 处,引导农民定点规范经营。设置伍临路等流动摊贩疏导点,成功引导环城东路 800 余户商贩入驻"CBD"夜市经营。清理城区出店占道经营,取缔马路市场。人性管理,真情服务,加强沟通和宣传引导,妥善处置涉疆涉藏流动设摊问题。开展规范鞭打陀螺专项整治活动。取缔公园广场、城市小区、城市道路等处鞭打陀螺点 11 个,引导 500 余名陀螺运动爱好者在体育场路集中健身。加强"野广告"治理,在东正街等 11 个社区设置新式小广告发布栏 23 块,有效减少街面乱贴乱画现象。开展放贷类"野广告"专项整治行动,暂停广告违法通信号码。

五是加强不文明行为的治理。向群众发放《告别不文明行为倡议书》,组织部门干部职工上街开展"双带"活动,开展"不在公共场合吃流食、不在公共场所乱扔垃圾"、"尊重环卫工人劳动,摒弃不文明行为"等城管志愿者文明劝导活动,在《三峡晚报》设置不文明行为曝光台,与《三峡日报》、《三峡商报》、《三峡手机报》等媒体联合开展"抓拍不文明行为有奖大晒"活动,在各公园广场设置不文明行为劝导点,开展车窗抛物专项整治,2012 年全年总计劝导、纠正不文明行为 3 万余人次,罚款 1.5 万元。

六是提高城市外围环境综合治理的效果。积极参与运河、铁路沿线、高速公路沿线市容环境治理,拆除运河沿线违章建筑,清除汉宜铁路两侧垃圾,制定铁路沿线绿化治理方案,拆除高速公路沿线违法设置户外广告,打造流动风景线和生态走廊。

四、严抓城管队伍

以人为本是科学发展观的本质和核心。所有的发展都要依靠于人、着眼于人。宜昌在城市管理中充分认识到人的因素对城管事业发展的重要作用,将加强城管队伍建设作为推动城管事业健康发展的重要保障。

一是深化干部人事制度改革。推进干部轮岗交流,完成市政、环卫、绿化等基层单位以及城监支队各大队及机关科室主要负责人轮岗交流工作。推行干部竞争上岗,使普通职工通过竞争走上领导岗位。2012年6名执法队员走上副科级领导岗位,4名协管员被破格使用,担任了副中队长。

二是加强党组织建设和党员培训。深入开展"迎创推"、"基层组织建设年"等活动,开展局机关党委和25个基层党组织的换届改选工作,成立新的党支部。开展党组织分类定级工作,确定一类党组织28个。加强党务干部培训,邀请市直机关工委领导专题辅导,选派党务干部在市委党校培训。加强党员队伍管理,427名党员全部公开承诺示诺践诺评诺。

三是加强执法队伍的管理。以城管执法队伍为重点,深入贯彻落实《省政府办公厅关于加强和改进城管执法工作的意见》,通过建立"五统一、三规范"的管理模式,推动队伍管理从一般化向准军事化转型升级。高度重视执法队员心理健康,邀请心理学专家为200余名执法队员开展心理辅导,有效防止过激行为发生。

四是加强依法行政的教育。组织全市城管部门科级以上干部90余人赴黄石、武汉学习考察;邀请市法制办领导对全局200余名干部职工讲解《行政强制法》;开设"城管讲坛",部门法律事务工作者为局属单位依法行政办工作人员授课;在"宜昌城管网"开辟普法专栏,登载《行政处罚法》等法律法规和规章。购买"六五"普法知识教材,组织全系统500余名干部职工参加"六五"普法知识竞赛活动。对300余名城管执法队员、协管员进行业务知识考试,分批轮训了县市100余名城管执法队员。通过学习教育,加深了干部职工学法守法意识,提高了法律法规运用水平,依法行政素养明显提升。

五是强化执法行为的监管。规范行政执法自由裁量权行使,全面清理和确认行政执法、行政处罚、行政强制事项,编制自由裁量权实施细则,统一工作标准,固化运行程序,制定城管执法"五要十不准"禁令,执法行为依法合理。加强执法案件办理监管,建立所有进入一般程序案件集体审议程序,执行城管执法案件检查监督制度及重大案件、突发事件报告制度,开展城管执法案件评查活动,不定期随机检查案件卷宗,消除执法违法的隐患和苗头,2012年全年无因执法过错产生被纠正或败诉案件。借助城管监督指挥中心,加强群众举报投诉办理的监督,全年受理各类诉求3万余件,处置率达98.5%。

五、构建和谐城管

实现好、维护好、发展好广大人民的根本利益是城市管理工作的出发点和落脚点,也是城管获得人民支持,促进人民参与、提高城管效率的必然要求,为此,宜昌城管努力实现由管理型向服务型的角色转变,打造和谐城管。

一是科学精简行政审批项目。认真开展行政审批"四减五制三集中"工作,部门行政许可项目由19项精简至15项。印发《城市管理市民手册》和《城市管理行政审批服务指南》5000余套,一次性告知部门行政审批相关事项,为群众办事提供便利。再造行政审批流程,优化户外广告和建筑渣土行政审批程序,启动行政审批质量体系认证工作,编制部门《行政审批作业指导书》,建立健全首问负责制、责任追究制等5项行政审批制度,把行政审批改革内化于制,外化于行。

二是积极开展便民服务。积极开展青年志愿者服务,在公园广场设立城管志愿者便民服务站点14个,为市民提供10多项便民服务,2012年全年为市民游客提供便民服务超过20万次,为社会小区修剪植物、维修道路、清掏粪池100余次,"美丽宜昌,我们在行动"城管志愿者服务项目被共青团宜昌市委、市志愿者协会联合评为"2012年度市十大杰出青年志愿者服务项目"。扎实开展新一轮"三万活动",为远安县阳坪镇郑家冲村美化村落环境,建立垃圾收运体系,支持秭归县泄滩乡街道绿化,便民服务向县市延伸。统筹抓好社会治安综合治理、社会管理创新、信访维稳、安全生产、计划生育、节能减排等各项工作,做好工会、共青团等群团工作。

三是努力满足群众需求。具体包括:

1. 改善市容市貌,保障群众环境需求。依法拆除违法建设、违法设置户

第三章 宜昌城市管理的基本模式

外广告,清理出店占道经营,处置污水外溢,增设隧道人行道侧石黄黑相间标线,明确建筑渣土运输"三不准"原则,积极打造全国餐厨垃圾无害化处理试点城市、湖北省生活垃圾分类示范城市,实现群众生活环境较大改观。

2. 转变治理方式,满足群众生活要求。引导环城东路 800 余户流动摊贩在"CBD"新夜市进场经营、500 余名陀螺运动爱好者在体育场路等地集中健身,务求管城与惠民良性互动。在东正街等 11 个社区安装 23 个新式小广告信息栏,进一步方便群众就近就地了解生活资讯。

3. 化解社会矛盾,维护群众合理诉求。大力开展民主评议政风行风活动,组织"千名党员职工进千个网格入千户家庭",发放问卷调查表,收集社情民意,了解民意,体察民情。赋予市城管监督指挥中心集中受理、处置部门社会矛盾,对接市社会矛盾化解网格,建立了市、局、直属单位、街办社区四级联动社会矛盾化解机制,2012 年全年受理群众来信来访 200 余人次,办结率达 100%。高度重视人大建议、政协提案办理工作,分管领导牵头,责任单位主抓,办结率和满意率均达 100%。

第四章 宜昌城市管理的手段

一、宜昌城市管理的行政手段

城市管理的行政手段指行政组织,以命令、指示、规定、计划等行政方式来对城市管理对象施加影响。行政手段是实现城市管理目标的基本方法和途径。宜昌城管部门在开展城市管理的具体工作中,注重采用大量提高工作效率的管理方法,对保障城市管理适应日益复杂的社会事务发挥了重要作用。

(一)决策方法与技术

决策方法与技术是指在决策过程中为实现决策方案优化而运用的各种智能方法与科学技术的总称。

1. 集体决策法

集体决策即由多人参与决策分析,集体决策有利于贯彻落实民主集中制原则,规范决策行为,完善决策机制,强化决策责任,减少决策失误,提高依法行政能力,宜昌城市管理的集体决策体现为:

第一,对三重一大事项实行集体决策,即对重大问题决策、重要干部任免、重大项目投资决策、大额资金使用,由宜昌城市管理局党组集体决策。

第二,重大决定的会议讨论决定。宜昌市城市管理局坚持和完善集体领导、民主集中、个别酝酿、会议决定的议事决策制度。市城市管理局做出重大决定,由局务会议或局长办公会议讨论决定;其中专门性的决定事项,可以由局专题办公会议讨论决定。因形势需要必须尽快作出决定的事项,可以由局长或局长委托班子成员先行决定,再及时向市城市管理局局务会议或局长办公会议通报;会议认为确有必要时,可以变更已经做出的决定。应对突发事件需要及时作出决定的,按照有关法律、法规和应急预案的规定执行。

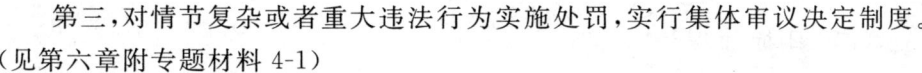

第三,对情节复杂或者重大违法行为实施处罚,实行集体审议决定制度。(见第六章附专题材料4-1)

2. 专家决策法

专家是指在某一方面有专门研究或独到技艺的人,专家决策是指基于专家的知识、经验和分析判断能力,在历史和现实有关资料综合分析的基础上,找出预测对象未来的发展趋势和状况,并作出决策。吸引更多的专家参与决策,有利于促进决策的科学化和民主化。宜昌城管对城管涉及的重大问题、重大项目投资等事项实行专家参与决策,参与方式包括聘请专家顾问、组织专家会议讨论、专家现场指导等。如宜昌市城市管理局建立了第三方机构参与决策机制,率先在市直部门成立法律顾问室,列席重要会议,审查重要合同和案件,提供法律咨询,参与劳动争议调解,并实行周四坐班制,定期开展工作。专家还可根据城管部门需要不定期指导城市管理工作,如2012年4月,猇亭城乡建设和城市管理局就猇亭绿化问题邀请宜昌市园林绿化专家亲临现场指导,专家对猇亭区所辖绿线范围内绿地进行现场踏勘并提出绿化规划的建议。

3. 民主决策法

民主决策指确保决策能够广泛吸取各方意见、集中各方智慧。按照《宜昌市城市管理局工作规则(试行)》的要求,在做出重大决定前,市城市管理局应根据需要并通过多种形式,直接听取相关组织、社会团体、专家学者、基层群众等多方面的意见和建议。同时,对于市人大代表、市政协委员提出的建议和提案,也要认真研究,并在规定时间内做出答复。

4. 科学决策法

科学决策是指决策者凭借科学思维,利用科学手段和科学技术所进行的决策。科学决策是指决策者为了实现某种特定的目标,运用科学的理论和方法,系统地分析主客观条件做出正确决策的过程。科学决策的根本是实事求是,决策的依据要实在,决策的方案要实际,决策的结果要实惠。按照《宜昌市城市管理局工作规则(试行)》的要求,城管局属各单位和机关各科室提请市城市管理局研究决定的重大事项,都必须经过深入调查研究、客观全面准确地收集相关情况和资料,进行必要性、可行性及合法性论证;涉及相关单位和部门的,应当充分协商;涉及各区的,应当事先听取意见;涉及重大公共利益和人民群众切身利益的,要向社会公开征求意见,必要时举行听证会。

(二)目标管理法

目标管理最早由美国管理大师彼得·德鲁克(Peter Drucker)于 1954 年在其名著《管理实践》中提出,是指以目标为导向,以人为中心,以成果为标准,而使组织和个人取得最佳业绩的现代管理方法,亦称"成果管理"。目标管理的特点是:(1)重视人的因素。目标管理是一种参与的、民主的、自我控制的管理制度,在这一制度下,下级在承诺目标和被授权之后是自觉、自主和自治的。(2)建立目标锁链与目标体系。目标管理通过专门设计的过程,将组织的整体目标逐级分解,转换为各单位、各员工的分目标。从组织目标到经营单位目标,再到部门目标,最后到个人目标。在目标分解过程中,权、责、利三者已经明确,而且相互对称。这些目标方向一致,环环相扣,相互配合,形成协调统一的目标体系。只有每位员工完成了自己的分目标,整个企业的总目标才有完成的希望。(3)重视成果。目标管理以制定目标为起点,以目标完成情况的考核为终结。工作成果是评定目标完成程度的标准,也是人事考核和奖评的依据,更是评价管理工作绩效的唯一标志。

宜昌在城市管理中运用了目标管理方式,首先是将城管工作纳入各县市区政府、乡镇(街办)、村(居)目标责任管理范畴,建立了层级目标管理体系,并使各任务主体对完成目标的具体过程、途径和方法具有自主管理权。与此同时,出台了《宜昌市县市区城市管理工作目标考核办法》、《防违控违考核细则》、《市城管局目标考核管理规定》对目标实施的成果进行考核评价,并根据评价结果进行奖惩。目标管理在宜昌城管中发挥了重要作用:一是明确并强化了城市管理的责任;二是提高了城市管理的效率;三是调动了城市管理单位和人员的积极性和创造性。

(三)标杆管理法

在质量改善词典中,标杆指同行中最好的成就。标杆管理意味着一种以同行中最有成就者为参考对象或者标准,进行比较、学习,以使自身不断改进,达到最佳表现的管理方法。具体而言,标杆管理源于组织学习的意愿,旨在发展组织学习的能力;标杆管理旨在使组织对外界的新观念和最佳实践经验保持开放;标杆管理是一个持续不断的学习和创新过程,这个过程是互动的、持续的和动态的;标杆管理强调系统的变革和行动学习;标杆管理作为系统的变革和学习,必须有学习的最佳标杆或者典范;标杆管理本身不是目的,而是工

第四章 宜昌城市管理的手段

具和手段,其目的在于全面改进组织的绩效和追求卓越。标杆管理最早运用于企业管理,但现在也成为政府和公共部门改进服务品质、提高管理绩效的一个有效工具。

宜昌在城市管理中,以城管先进城市为标杆,在学习中不断提高城市管理水平:

1. 外部标杆管理。即在自身组织体系之外寻找参照的标杆,以此作为改进的依据。外部标杆管理有利于提供对最优秀组织学习的机会。

(1)株洲。宜昌城管以与宜昌城市定位、规模框架、人口总量、经济实力相近的湖南株洲为标杆,先后两次对株洲进行考察,在考察中按照突出重点、统筹兼顾的思路,围绕城市综合管理、市容环境治理、建筑渣土运输管理、考核评价等城管工作重点难点问题,采取座谈交流、现场参观等方式,学习株洲城管工作。以2013年6月的考察为例,对城市综合管理,宜昌总结出株洲市的特点为:一是"法制化",锻造"尚方宝剑";二是抓"一把手",抓住"核心人物";三是建机制,确保"实质运转"。为此,分析出宜昌城市综合管理的问题并提出对策为:一是出台文件,宏观上进行战略布局。二是明确职责,中观上划清各自责任。三是建章立制,微观上推动实际运行。(见第六章附专题材料4-2)

(2)武汉。2011年以来,武汉"城市管理每天从零做起"的"城管革命"带来了城市环境的持续改善和市民幸福感的不断提升。2012年3月3日至5日,宜昌市城管局局长张毅与宜昌各县市区城管局长等,组团前往武汉,重点学习考察了城市环境综合整治和"城管革命"、推广便民自行车的典型经验及做法。(见第六章附专题材料4-3)

(3)黄石。2012年3月3日至5日,宜昌城管学习考察团参观了黄石市容市貌和城管成果,深入考察了该市园林绿化精细化管养、渣土管理和垃圾焚烧发电项目等先进经验和做法,并就21个问题和黄石方面进行了交流。(见第六章附专题材料4-3)

2. 内部标杆管理。即在自身组织体系内寻找标杆或者参考点,以此作为改进绩效的依据。内部标杆管理的优点在于能够比较容易地获取敏感性的资料和信息;标准化的资料通常是现成的,所需要的时间和资源较少,执行起来也相对比较容易。

宜昌在城市管理中,除了采用外部标杆管理,还采用了内部标杆管理,如宜昌当阳市在城市管理中具有亮点,2011年11月,宜昌市城市管理工作考察团来到当阳,先后考察了当阳玉阳办事处三里港"民乐港湾"、农民公寓,及当阳市文化宫广场、新时代文化广场、步行街、香榭水岸、临沮公园、生活垃圾场、市体育中心、在建的三馆一中心和盛泰华庭等重点工程,对其城市建设投入和城市基础设施方面的工作经验进行了总结。

(四)战略管理

战略管理(strategic management)是指对一个企业或组织在一定时期的全局的、长远的发展方向、目标、任务和政策,以及资源调配做出的决策和管理。公共部门战略管理是全球化、信息化和知识经济时代发展特别是当代政府改革运动的产物,它构成由传统的公共行政范式向公共管理范式转变的一个重要组成部分。作为一种新的管理途径或思维方式,战略管理日益受到了公共部门管理者的重视。

实施战略管理首先要制定战略规划。即在确认部门外界机会和威胁,确定部门内部的强项和弱势的基础上,制定公共部门的发展战略,制定战略规划图表。战略实施是战略管理的第二个阶段,通常称为战略管理的行动阶段。战略实施要求公共部门建立一个年度目标,制定相应的政策,激励员工和有效调配资源,以保证建立的战略能够实施。战略实施包括制定出战略支撑文化、创造一个有效的机构组织、准备预算、实行目标管理并分解、建立激励机制,及开发和利用信息支持系统并调动每一位员工参与战略实施的积极性。

战略评估是战略管理的最后一个阶段。它是指基于外部和内部环境因素的改变,在战略实施过程中对实施进行评价,并不断修改变化着的目标。评估工作要求设计出战略评价标准并建立反应迅速的信息反馈系统。评估的作用在于使得组织可以基于不断的修正而保障战略得以顺利实施的持续性。

2013年宜昌根据建设"特大特强、特优特美"的现代化特大城市的要求,提出实现城市管理工作"全省最优、国内一流"的战略目标。为实现该目标,宜昌城市管理局提出了2014年拟实现的近期目标:一是规范城市综合管理。以《湖北省城市综合管理条例》出台为契机,研究制定《宜昌市城市综合管理办法》等规范性文件,编制《宜昌市城市综合管理手册》,制定《市城管委工作规则》,确保城管工作目标任务落实见效。二是健全考评体系。修改、完善《宜昌市城区城市综合管理考评办法》,对住建、公安、房管、民政、通信等部分市城管委执行类成员单位、城区21个街办城管工作进行考评排名,各县市区对所辖乡镇城管工作进行考评,进一步扩大考评覆盖面。建成数字化考评系统,举办考评人员培训班,推行第三方考评,提高考评质量和水平。三是解决重点项目建设问题。2014年，计划投资10亿元，安排餐厨垃圾处置、垃圾焚烧发电、生活垃圾分类、建筑垃圾回收、黄家湾垃圾填埋场封场等5个重点项目建设。其中，总投资6亿元的餐厨垃圾处置和垃圾焚烧发电采取BRT模式，其余将打包成一个6~7亿元的外资项目，统筹安排，整体推进。同时，加强市政设施建设。启动道路停车诱导和POS机停车收费系统建设工作，改造东山、云集隧道照明设施。四是完善数字城管建设。市城管委执行类成员单位全部设置数字城管处置终端，上线运行"门前三包"信息系统，建成由2000个公安探头和自行建设的200个探头组成的视频监控系统，并在城管执法车辆、环卫作业车辆安装GPS。五是加强城市环境治理。组织开展楼顶违建专项治理行动，协调规划部门及各区开辟流动摊贩疏导点，大型建筑工地安装监控探头、建筑渣土运输车辆安装GPS，探索建立建筑渣土运输企业质量保证金制度，更新、修补"城市家具"，推进生活垃圾分类试点和省级市容环境美好示范路创建，规范城市进出通道、主要道路的门店招牌设置，疏通城区7条、1.8万米长的主排水管网，进一步改善市容市貌。六是实施队伍教育培训。筹建市城管局教育培训中心，向各县市区派驻专业技术人员现场指导城管执法办案、沥青路面养护、数字城管建设、垃圾处置设施建设等，选调一批县市区业务骨干到市城管部门学习。

二、宜昌城市管理的法律手段

　　法律手段是指城市管理部门通过法律、法规、规章等的制定和实施来管理城市的方式。法律明确规定了社会组织和公民个人可以这样行为，应当这样行为或不应当这样行为，是一切社会活动的行为规范，也是城市管理活动应该遵循的基本原则。因此，法律手段是城市各环节运行的基本保证。运用法律手段的基本要求是：依法执法，即要求管理人员在熟悉法律条款的基础上，防止对法律产生歧义、以言代法、以人代法的现象，严格按照法律程序使用法律手段。程序执法，即在熟悉法律程序的基础上，严格按照程序执法，严格把握执法机会，并规范程序和简化程序以提高城市管理效率。文明执法，即正确把握法律的分寸，在提倡执法过程和执法行为文明化的基础上，以理服人、以法服人。严格执法，即法律的权威性在于其严格和铁面无私。因此，严格执法是使用法律手段必须遵循的原则，也是实现公平管理的必要条件。宜昌城市管理的主要法律手段为：

(一)开展城管法制宣传与学习活动

除了对城市管理人员定期开展法治学习活动之外,还包括重视市民的法制教育,提高市民的法律意识。如通过法律进社区、法律进工地、法制宣传月多种形式增强公民的法律意识,增强法制观念。同时开展城管法规、市民守则、文明言行等内容的教育,并将有关内容编印成册发至市民手中。

(二)完善城管制度规范体系

在环境卫生、园林绿化、市政管理、城市执法领域,宜昌都进行了地方立法,包括法规及规章的制定,同时,还制定了大量的规范性文件,对宜昌城市管理的健康发展起到了促进作用。

(三)严格城管执法

其一是建立了一支政治合格、业务过硬、执行力强的行政执法队伍,为城管行政执法提供了组织保障。其二是加大对各类不文明现象的查处力度。通过设立有奖举报等多种有效形式提高社会公众的参与积极性。同时,各相关部门相互配合、协同作战、形成联动,通过有效管理措施,压缩不文明行为的活动空间。

(四)加强城管执法监督

1. 强化内部监督

第一,治庸问责。一是健全责任体系、强化治庸问责工作。推行《责任白皮书》和全员岗位责任制。将《责任白皮书》作为目标管理综合考评和问责依据。二是全面实施责任追究。局治庸问责工作领导小组办公室按照受理、启动、调查、处理、反馈、申诉复核等程序对局机关及局属各单位发现并核实的"慵懒散软"等突出问题视其情节轻重和影响程度,进行诫勉谈话、通报批评、责令公开道歉、停职检查、调整岗位、引咎辞职、责令辞职、免职等责任追究。受到责任追究处理的责任人,取消当年年度考核评优和评选各类先进的资格。

第二,执法责任追究制。制定出行政执法过错追究制度、执法过错赔偿制度、城检支队错案纠正办法等规章制度,约束和监督城管工作人员的执法行为。

第三,重大案件集体审议制。对情节复杂或者重大违法案件实行集体审议决定制度,以此促使执法人员严格依法履行职权。

2. 强化社会监督

自觉接受新闻舆论和群众的监督,对新闻媒体报道和群众反映的重大问题,积极主动地查处整改并向上一级组织报告。

3. 完善司法监督

司法监督主要包括行政复议和行政诉讼,随着公民素质的增强,运用司法监督救济公民权利已为更多市民认识。城市管理部门应当进一步完善城管复议制度,保证公民充分行使复议权。宜昌为此特别完善了相关依据,制定出《宜昌市城市管理局行政审批、行政处罚、行政强制、行政复议工作规程》。

三、宜昌城市管理的经济手段

经济手段指依据客观经济规律和生态平衡规律要求,用物质利益去影响人们的城市管理活动的一种管理方法。运用经济手段管理城市的最主要特征就是在城市管理活动中贯彻物质利益原则,从物质利益上处理城市管理关系,借助于市场经济和价值规律的作用,以费用和利益直接影响和刺激有关活动,进而实现政府对城市的有效管理。相对于行政手段,经济手段更能调动人的积极性,发挥其内在动力。宜昌在城市管理中的主要经济手段有:

1. 城市管理收费。如依法征收居民生活垃圾处理费、污水处理费、城区道路停车费等。

2. 补贴制度。如依法对城管人员发放高温补贴,对城市景观照明规划设置的景观照明设施的维护费及电费由市政府分类给予适当补贴等。

3. 保证金和奖罚制度。设立年度城市综合管理奖惩专项资金,用于对各区城市综合管理工作进行考评奖惩,实行专户管理。专项资金由各区上缴的考核保证金和市财政配套的奖励资金构成,每年1400万元,其中夷陵区、西陵区、伍家岗区、宜昌高新区各上缴考核保证金200万元,点军区、猇亭区各上缴考核保证金100万元,市财政配套400万元。对当月考核达到各区平均分数或超过90分的区,返还其所缴考核保证金的月均额度;对当月考核排名前三位的区进行奖励。对夷陵区、西陵区、伍家岗区、宜昌高新区按照第一名12万元、第二名10万元、第三名8万元的标准进行奖励;对点军区、猇亭区减半奖励。对月考成绩在各区平均分数以下且低于90分,且排名倒数后两位的区扣罚一定额度的考核保证金。对夷陵区、西陵区、伍家岗区、宜昌高新区按照倒数第一名10万元、倒数第二名8万元的标准进行扣罚,对点军区、猇亭区减半扣罚。上述奖罚资金实行月核定、季划拨。

4. 公开招标。对由政府出资的项目,进行公开招标,减少中间环节,以实现低成本、高质量的建设。如2008年,宜昌城市管理局对宜昌儿童公园改造项目,即采用公开向社会招投标方式。

5. 转让经营权。在不改变所有权的前提下,实现所有权与经营权的分离。如宜昌将政府建设投资兴建的公厕通过承包的方式转让给个人经营。

6. 市场化。为节约成本,简化管理部门职能,通过公开招标和企业承包的办法,把道路保洁、园林绿化、市政设施养护等作业交给社会组织或专业公司实施。目前宜昌市区道路清扫保洁、"野广告"治理等作业任务市场化率达到100%,各区的环境卫生作业、市政设施维护、公园绿地管养基本实现市场化运作。

第五章
宜昌城市管理的突出成效

新一届宜昌市委、市政府顺应宜昌民意,在考察国内外先进城市管理经验的基础上,针对宜昌实际情况,锐意改革,立足创新,全面提升了宜昌城市管理水平。2011年,宜昌成功创建"全国文明城市",实现了"全国文明城"在湖北省零的突破。2011年、2012年连续两年在全省城市管理工作考核中力拔头筹,目前宜昌市为国家卫生城市、国家园林城市、国家环保模范城市、国家森林城市、全国实施畅通工程模范管理水平城市,城区沿江大道、平湖大道被命名为省级市容环境美好示范路。宜昌市城市管理局被评为省级文明单位,连续两年被评为市目标考核优胜单位和群众满意机关,市政风行风评议工作优秀单位。2013年是贯彻落实党的十八大精神的开局之年,是建设现代化特大城市的起步之年,也是城管工作实现"全省最优、国内一流"奋斗目标的开启之年。为了进一步夯实基础,巩固成绩,2013年度宜昌城管部门采取了诸多行之有效的措施,逐步搭建了宜昌城管的新格局,并取得了初步的成效。

一、坚持法治先行,夯实了法治城管理念

1999年《宪法修正案》规定:"中华人民共和国实行依法治国,建设社会主义法治国家。"宪法正式把这一治国方略以国家根本大法的形式确定下来。依法治国,就是广大人民群众在党的领导下,依照宪法和法律的规定,通过各种途径和形式管理国家事务,管理经济文化事业,管理社会事务,保证国家各项工作依法进行,逐步实现社会主义民主的制度化、法律化。依法治国主要通过依法行政、建设法治政府来推进。因为80%以上的法律、几乎所有行政法规和规章都由政府及其职能部门来实施。在此背景下,市委市政府非常重视法治宜昌的建设。城市管理关涉城市的每一个居民,因此,在城管建设过程中,始终如一地贯彻"法治先行"的理念,进一步完善城管机制体制改革,夯实法治

城管基础。

首先,进一步理顺城市管理体制机制,提高城管运行效能。长期以来,宜昌城管是"九龙治水",各部门之间职能交叉严重,"交叉执法"及"消极执法"现象均不同程度地存在,这极大地影响了城管效果。2013年3月19日,宜昌市城管局依据《市委市政府关于创新城区建设管理体制机制的意见》《市政府办公室关于印发城区城市管理体制改革实施方案的通知》,按照"两级政府,三级管理,四级网络,五级联动"和"重心下移,属地管理,分级负责"原则,简政、放权、"瘦身",平稳有序地改革市区城管体制,形成以市为核心、区为重点、街道为基础、社区配合的管理模式,基本建立了"横向到边、纵向到底"的城市管理组织架构。市级政府负责研究制定城市管理制度、行业政策和专项规划,确定城市管理目标任务、工作计划、考核办法、作业标准,组织考核、评比和奖惩,对涉及全局性、方向性、整体性以及跨地域、跨部门、跨行业的重大事项进行管理、监督和协调;区政府负责落实市政府制定的管理制度、政策,管理本级职能规定的事项,包括组织养护作业、城管执法等;街道办事处负责落实区政府分解的各项城市管理工作,组织指导社区居委会和小区业主委员会积极参与各项城市管理活动。265万平方米的主干道清扫保洁、17.5万米地下排水管网养护、107座公厕管理、64个道路停车场管理、46条道路维护,以及行政收费、行政审批划转各区,园林绿化管理整体移交新成立的市园林局,形成"监督考核以市为主、组织实施以区为主"的城管工作新格局。这种大城管格局将城市管理工作重心下移、关口前移,赋予城市区、街道(乡镇)相应城市管理职权,使得纵向的级别管辖权和横向的地域管辖权更为明晰,从而改变长期以来职责不清、权力不明的状态,进而提升了基层政府的城管意识,夯实了城市管理的执法力量,延伸了城市执法的触角,在齐抓共管中加强城市建管,市容市貌持续改观。

其次,加强建章立制,进一步完善行业制度体系建设。宜昌要建设成省域副中心城市、现代化特大城市,迫切需要与之相匹配的城市管理体制机制,需要与之相适应的城市环境。为了从制度层面保障城管工作的有序展开,本年度,市政府对城管执法、环境卫生、市政设施等行业的制度、标准、流程进行制定、修编。修改《宜昌市城区城市管理行政执法实施办法》,修编环境卫生专项规划,起草建筑垃圾、餐厨垃圾管理等规范性文件,再造行政审批、行政复议、行政强制、行政许可等工作流程,明确检查井防护网安装标准,制定门店招牌设置规定,建立全市城管工作信息报送、分析制度。宜昌市城市管理局、市住

第五章　宜昌城市管理的突出成效

房和城乡建设委员会、市规划局联合发布了《宜昌市城市容貌标准》,该规范性文件已于2013年5月1日起执行。该文件的出台让监管和考核有规可依、有据可循,是城管部门依法行政、建设法治城管的迫切需要。在湖北省,除了武汉,宜昌是第二个制定容貌标准的城市。在全国同级别的城市中,宜昌是首个发布容貌标准的城市。《宜昌市城市容貌标准》对理顺城市管理体制,提高城市管理效能,创造与世界水电旅游名城相适应的城市环境,提升宜昌城市形象具有重要意义。这些举措旨在进一步提升城市标准化、规范化管理水平。

最后,规范行政执法权,继续推进相对集中行政处罚权。《中华人民共和国行政处罚法》第16条规定:"国务院或者经国务院授权的省、自治区、直辖市人民政府可以决定一个行政机关行使有关行政机关的行政处罚权。"国务院对贯彻实施行政处罚法确立的相对集中行政处罚权制度十分重视,多次下发文件作出具体部署。宜昌城管执法长期以来注重贯彻国务院关于相对集中处罚权的精神,实践证明对深化行政管理体制改革、加强行政执法队伍建设、改进行政执法状况、提高依法行政水平,起到了积极的作用。

二、巩固改革成果提升了城市管理水平

城市管理千头万绪,既要全面推进,也要重点突破。如果只是一味地齐头并进,难以取得实效。按照"有侧重、分梯次、全推开"的思路,在2013年度,宜昌市在城市管理上提纲挈领,重点抓好了三件事情:

一是做大做实"大城管"运行体制。大城管,也就是城市综合管理,所管理的范围包括给水、电力、通信、垃圾收运处理、供水等城市基础功能,以及城市公共空间。城市管理点多、线长、面广,与群众日常生活息息相关,老百姓对政府期望值非常高。2010年8月,宜昌市成立城市综合管理委员会,搭建了"大城管"组织架构。为把"大城管"做实,做出成效,顶层由市城市综合管理委员会统一领导、指挥全市城市管理工作,市长任主任,常务副市长和分管副市长任副主任,30余个市直部门、各区政府和公交、通信、机场、火车站等企业为成员单位,市城管委办公室设在市城管局;中层由市区两级城管部门组成,分别承担城市管理工作具体任务;基层由城区1100余个社会网格组成城市管理基础单元,县市城市管理工作由独立的城管部门组织实施。

2013年,为增强市城管委领导力量,将成员单位由49家调整为53家,并按执行类、保障类原则划分市城管委成员单位类别(执行类单位43家,保障类

单位10家），召开市城管委第一次全会，明确成员单位城管职能职责，建立市城管委月度例会制度，在公安、民政等市城管委执行类成员单位建设数字城管处置终端，"大城管"初步进入实际运行阶段。

二是继续推进数字化城管改革。宜昌是省政府明确的全省3个数字城管试点城市之一。数字化城市管理平台是运用计算机网络等现代技术，对城市实施全方位、高效能监管，把城市管理内容划分为部件和事件，把管理范围划分成"万米网格单元"，通过建立科学、规范、高效的处理流程，形成高度闭合的管理系统，实现全地域覆盖、全时空监控、全过程管理。通过这一科学化管理平台的作用，将使城市管理从过去的粗放式管理走向精细化管理，从过去的突击性管理转到常态的、经常性的长效管理。

2011年至今，宜昌抓住社会管理创新机遇，借助市电子政务平台，建设宜昌数字城管。宜昌在数字化城管建设过程中，已经建立起"一级指挥、两级监督、三级管理"的科学城市管理体系。这一管理体系的建立使得本来显得比较紧张的公共资源得到优化配置，通过拓展各种技术手段，实现资源共享，促进城市管理体系高效运行。通过"统一接入、分布受理、分级处理、监管分离"，可以灵活扩展满足多级多部门共享应用，从根本上解决了全市城管数据的完整性、一致性和实时性问题，实现了从传统粗放、单一、突击的管理向现代精确、互动、长效的管理转变。数字城管实现了"管得了的看得见，看得见的管得了"，城市管理效率显著提升。同时，建立起科学快速的联动机制，解决了城市管理相关部门不同程度地存在着的职责不清、职权交叉的现象，形成城市管理的整体合力。

目前，数字城管一期建设任务基本完成，城市管理处置体系初步建立，普查城市管理部件40万个，采集实景影像和360度全景影像1100公里，接入公安探头3000个，建成无线数据采集、视频监控等9个基础子系统，划分了1110个社会网格，西陵区、伍家岗区基本实现数字化网格化城市管理。城区环卫道路清扫机扫率为35%。同时，环境卫生作业、市政设施维护基本采取市场化方式进行。截至目前，宜昌城管系统已经建立了监督指挥平台，形成了由各区城管部门、25家市直部门及企业构成的任务处置体系，组建了城管考巡员与1437个社区网格管理员相结合的信息员队伍，普查城区城市部件41.7万个，编制《城市部件、事件处置手册》，建成9大信息系统和"门前三包"信息、考评等扩展系统，城区数字城管即将接受省专家组检查验收。2013年以来受理各类案件1.2万件，办结率为94%。同时，积极推进数字城管向县

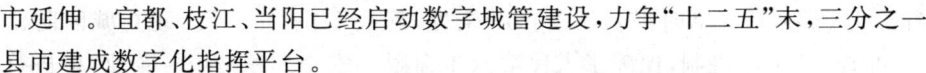

市延伸。宜都、枝江、当阳已经启动数字城管建设,力争"十二五"末,三分之一县市建成数字化指挥平台。

三是推进同城融合,县市城管水平持续提高。主要表现在:(1)对接顶层设计,呈现"大城管"态势。宜都、枝江、兴山、秭归等地成立县市城管委,8个县市均组建城管局,形成"建管分离、建管并重"新格局。宜都城区每个社区配备1名城管执法队员和2名协管员,枝江推行城区网格化管理,远安实施"门前四包",兴山开展志愿者行动,形成"城管委宏观统筹、城管部门组织实施、社区网格宣传发动"的"大城管"框架。(2)对接城市创建,呈现"大整治"态势。对接宜昌城区城市整理、大绿化大美化等活动,以创城迎检为抓手,整治乱搭乱建、沿街为市、广告杂乱、垃圾污染、设施破损。宜都创建全国文明县城和国家卫生县城、生态园林县城、环境保护模范县城,当阳创建国家卫生县城、园林县城、环保模范县城和省级文明县城,远安创建全国文明县城和国家卫生县城、森林县城,兴山创建省级文明县城,秭归创建国家卫生县城、省级环保模范县城和文明县城,长阳创建国家级园林县城等。通过以创建促治理,县市面貌改观较大。

三、抓好创城迎检,提升了宜昌世界水电旅游名城形象

面对承担文明城市创建的公共环境、街巷环境、市场环境治理,及"三节"市容环境保障、社会氛围营造等牵头工作,加强组织协调,治理市容市貌,确保城市干净整洁、规范有序,增强城市魅力。

一是各级领导高度重视,积极加强组织协调。市委市政府高度重视创城迎检工作,要求城管部门早谋划、早部署、早准备、早行动,为全面提升宜昌世界旅游名城再做贡献。为此,市城管局组织召开各区和相关部门创建动员会和宣传工作联席会,并召开督办会共7次,分解细化创建任务,明确完成时限,组成4个督导巡视组,创建期间,每天上午7点至晚上10点,不间断检查各责任主体创建落实情况,督办相关单位整改突出问题127个。

二是大力破解民生难题,社会发展环境不断改善。积极发挥部门职责优势,转变思路,寓管理于服务,变"为城管民"为"为民管城",满足民之所盼,顺应民之所望。城区110余座公厕免费对外开放,80余块公厕导向牌分布主次干道,化解了"如厕难";西陵区、伍家岗区道路停车场实现政府直管,新增停车泊位2900余个,总量达到9800余个,缓解了"停车难";发放《瓜农卖瓜路线

图》2万余份,开辟临时经营场所100余处,解决了"卖瓜难"。建立城区防汛"三办合一"工作机制,保障了人民群众生命财产安全。积极服务企业,推进行政审批改革,"四减五制三集中"工作有序推进。扎实开展两轮"三万活动",受到群众广泛好评。

三是实行市政设施预防性养护,设施维护及时率、合格率达到100%。举全市之力,大力开展绿化美化行动,园林绿化继续增量提质,全市已完成造林绿化24.45万亩,义务植树905.5万株;城区累计植树30.43万株,其中,大苗20504株。"城市名片"效应进一步显现。优化城市交通,完善城市规划,着力实施"东拓、北联、南展"战略来拓宽城市骨架,将位于市中心的火车站、长途汽车站等主要物流中心的功能陆续迁移,分散、缓解中心城区的交通压力。以道路改造、修建、完善道路体系,加强停车场建设管理为突破口,新建、改建和维修完善40多个市政道路设施项目,城区人均拥有道路面积达到13.88平方米。严查违法停车等各种交通违章违法行为,城区交通压力得到缓解。持续开展年度"干干净净迎新年"、市容环境示范社区评选活动,强力治理不文明行为,爱护环境逐步成为群众自觉行为。

四是营造"三节"节庆氛围,向中外游客展示了宜昌城市无尽的魅力。2013年9月,第九届中国国际民间艺术节、第四届中国长江三峡国际旅游节、第三届中国宜昌长江钢琴音乐节在宜昌举行。市委市政府高度重视,按照"政府主导、社会参与、市场运作、以节促建、以节促变"的思路,努力把"三节"办成文化旅游的盛会、人民群众的节日,为加快建设现代化特大城市营造浓厚的人文社会氛围。"三节"活动档次高,游客多,这为城市管理部门带来了不小压力。但宜昌城管部门变压力为动力,在市委市政府的统筹安排下,齐心协力、众志成城,向世人展示了宜昌城市的魅力。"三节"期间,宜昌城管部门协调园林部门摆放鲜花30万盆和大型扎景10组,逐一约谈红人、龙马、超人等12家大型广告公司经理,安排110家广告发布商设置大型公益广告167处、3.12万平方米,赶制1500面刀旗和320个灯箱广告,协调公交集团、街办社区将30辆公交车身广告、150个电子显示屏内容全部更换为"三节"宣传标语,营造了浓烈、喜庆的节庆氛围,受到游客和市民极高的赞誉。清理出店占道经营6753起,美化电讯电力箱体220个,清运无主垃圾130吨,400个LED电子显示屏、167处大型广告牌、公汽车身、公交站台广告内容全部更换为"三节"宣传标语,受到市委市政府和外地来宾的肯定。

第五章　宜昌城市管理的突出成效

四、狠抓"四项整治",进一步改善了城市环境

为了进一步巩固全国文明城、全国卫生城市的建设成果,市城管部门组织各区各部门开展以"城市空间、市容秩序、环境卫生、市政设施"为重点的城市环境综合治理,制定实施方案,明确责任主体,限定完成时间,实施即时考核。继续实行违建举报奖励制度,开展"百日拆违"行动,确保城区户外广告"只减不增";加大出店经营查处力度,规范夜市经营时间,抓好"门前三包"责任制落实;加强建筑渣土管理,对跨区域和白天进行的建筑渣土运输实施审批制度;加强市政设施维修更新,确保各类指示牌、路名牌、垃圾箱、排水井盖等市政设施完好率保持100%。2013年以来城区清运生活垃圾25.6万吨,维修车行道和人行道1.3万平方米,清理出店占道经营12.4万起,拆除户外广告6725平方米,城市面貌发生较大改观。经过努力,宜昌已基本实现"洁绿亮美静畅"的城市管理目标。

1. 落实城市空间整治。落实城市空间整治,主要是要净化城市立面,"扮靓"城市风景。2013年年初,宜昌市委办公室、市政府办公室印发了《2013年城市整理工作实施方案》。根据该方案,2013年度重点开展城市道路沿线景观绿化、建筑物综合整治、灯光亮化、围挡设置整治、店招及广告整治工作,打造沿江大道、云集路、东山大道、桔城路——白沙路、城东大道、机场路等城市精品生态景观大道。主要工作包括:(1)两条道路绿化补植。城市道路沿线景观绿化将参照特大城市绿化美化标准进行,启动汉宜高速、城东大道两侧绿化补植工作,增加林相,丰富色彩。(2)122栋建筑物立面整治。启动完成122栋建筑物综合整治,其中拆除违章建筑4栋。包括沿江大道、云集路、东山大道、桔城路——白沙路、城东大道、机场路等道路沿线建筑物外墙面粉刷,防盗网、空调外机整齐有序,对有碍观瞻的阳台、遮雨篷等进行改造整理。(3)实施亮化工程,亮化35处灯光夜景。根据方案,对包括中国海事办公室、安琪酵母公司、新外滩、城东新区展示中心在内的35栋建筑物进行灯光亮化。灯光亮化工程以高层建筑的轮廓灯、投射灯为主笔,以城市道路照明为纽带,形成多层次、多侧面、立体化、动静结合、远近互衬、高低错落的城市夜间景观。(4)30处工地"美容整形"。对临街店招和广告实施综合整治,达到整齐划一、整洁美观的效果。户外广告设施体现繁荣、靓丽、时尚的风格,使用多种媒体类型,采用夜间亮化材料,适当使用多彩光源,保证做到白天美化、夜晚亮化。此外,江

山多娇、冷库等30处在建或拟建工地也将设置不低于4米的高标准围挡。

针对违章搭建现象日益复杂的趋势,市委市政府成立市征迁拆违领导小组,市人大常委会发布《宜昌市人大常委会查处城区违法建设行为的决定》,该决定明确了市、县区人民政府关于查处城区违法建设的职责:"市人民政府要加强对违法建设行为查处工作的组织领导,建立高效指挥协调机构,完善防违控违工作机制,明确相关部门责任,加强监管、检查、考评和责任追究。市直各部门要严格按照法律、法规赋予的职责,积极配合各区做好防违控违工作。各区人民政府要切实履行防违控违主体责任,加强有关法律法规的宣传教育,完善防违控违网络;加大对违法建设行为的防控力度,严格禁止违法建设,及时受理违法建设行为的举报;严厉查处违法建设行为,逐年拆除既有违法建筑,对逾期不自行拆除的违法建(构)筑物,要依法组织强制拆除。"根据宜昌市人大常委会的决定,市政府出台相关通告和文件,举办城区防违控违培训班,普查城区违建现状,组织各区拆违10.5万平方米,设在市城监支队的市督导组发现违法建设102处,违建得到有效遏制。

进一步加强户外广告和招牌治理。为推动宜昌城区户外广告和招牌设置更加科学规范,宜昌市早在2011年9月就制订了《宜昌市城区户外广告和招牌设置管理办法》,该办法的主要内容是:(1)一是将户外广告和招牌纳入统一管理,同时将户外广告与门店招牌加以界定和区分,并在此基础上实行分类管理;二是对户外广告和招牌设置管理的主管部门作出了新规定。(2)明确市城管局是城区户外广告和招牌设置的主管部门,负责城区户外广告和招牌设置的审批和管理,市规划局、工商局、城管执法局等部门共同进行监管。(3)明确规定市规划局负责编制《城区户外广告和招牌设置技术规范》,该技术规范是对户外广告和招牌的种类、材质、尺寸、位置、间距、亮度等的具体规定,具有很强的实际操作性。(4)明确规定户外广告和招牌设置需要办理的各类证件。(5)对公益广告发布和城市空间资源的性质作出了规定。

2013年度,宜昌市城管局城监支队对中心城区主次干道影响观瞻的建(构)筑物、破旧广告招牌和损害市政公用设施和园林绿化的不良行为进行了集中整治,进一步规范了主城区门店招牌设置,同时制定技术规定,设计9套门店招牌设置样式,统一了桔城路、白沙路、合益路等路段门店招牌规格、材质、样式。督办建筑工地设置新式围墙围挡61处10650米,普查指示牌、电线杆等"城市家具"2430个,拆除违法设置户外广告6142平方米(2011年至今累计拆除12万平方米),设计9套门店招牌设置式样,桔城路、白沙路等路段门

第五章 宜昌城市管理的突出成效

店招牌设置效果明显提升。安装东山、云集隧道人行道护栏5752米,完成太平溪桥栏杆、黄柏河大桥桥面维修工作。通过设置规范有序、整洁美观的广告牌,既达到了企业、商家的宣传要求,又维护了良好的城市形象。

2. 加强市容秩序整治。落实"门前三包",打造文明街道。"门前三包"制度作为城市管理发展过程中的一项重要措施,最早可追溯到20世纪70年代,因其具有广泛的群众性、自觉性、现实性和长期性,在城市管理中发挥着独特的作用。"门前三包"是指临路(街)所有的单位、门店、住户将担负起一定范围的市容环境责任,承担一定的城市管理任务。具体而言,"一包"门前市容整洁,无乱设摊点、乱搭建、乱张贴、乱涂写、乱刻画、乱吊挂、乱堆放等行为;"二包"门前环境卫生整洁,无裸露垃圾、粪便、污水,无污迹,无渣土,无蚊蝇滋生地;"三包"门前责任区内的设施、设备和绿地整洁等。为了彻底贯彻"门前三包",2013年5月,宜昌建立了以"网格管理员、社区、街办、区、市"为主的督办、考核机制,研发"门前三包"考核系统,"门前三包"责任制考核信息系统已纳入市数字化城市管理建设项目,每月与市文明办联合召开新闻发布会,将临街单位"门前三包"落实情况与文明单位评选、星级示范(店)评选挂钩,市容环境进一步好转。2012年以来检查城区"门前三包"责任制落实情况960家,召开新闻发布会4次。2013年4月3日,宜昌城区启动首次"门前三包"责任制专项检查。市城管局城管监督指挥中心派出督查组对照市文明委相关考评细则,抽样检查了西陵区、伍家岗区4条主要街道,以及沿途100余临街门店(单位),发现出店经营现象比较严重,少数门店环境卫生较差。5月21日至5月23日,市城市管理局对城区6个区及葛洲坝区域A级道路上的134家银行、宾馆、饭店、超市、商场、车站、码头等窗口单位,进行了"门前三包"工作考核,并通过严格考核,按照不同的区县及时公布考核结果。考核等次为优秀单位、达标单位、基本达标单位、不达标单位进行公示,加强社会监督。门前三包制度盘活了社会资源,建立社会大众参与城管的新机制,是创新城管机制的一大新举措。

3. 夯实环境卫生整治。

(1)治理垃圾污染,美化城市环境。为把宜昌建成全省生活垃圾分类试点示范城市,制定《宜昌市城区生活垃圾分类试点方案》,召开动员大会,在西陵区、伍家岗区、夷陵区等地部分单位、学校、居民小区开展试点。从2013年9月起,宜昌城区全面试点生活垃圾分类,并力争率先在全省建成生活垃圾分类收集试点示范城市。根据《宜昌市城区生活垃圾分类试点方案》,2013年度在夷陵区、西陵区、伍家岗区、宜昌高新区等区域内的党政机关、居民小区和中小学校开展试点,并在各区明确试点单位。方案要求各区可结合实际适当扩大试点范围,鼓励支持各区选择在社区试点垃圾分类。此次试点将生活垃圾按照干、湿分为两类,兼顾资源回收。试点方案要求学校在各教室内配置干垃圾桶若干(可按资源回收物种类设置),每层楼固定配置湿垃圾桶;居民家庭在厨房放一只湿垃圾(厨余垃圾)桶,客厅或其他房间放置干垃圾(其他垃圾)桶;机关单位在各办公室放置干垃圾桶,在卫生间放置湿垃圾桶;居民小区和机关单位在小区内和办公院落的空旷公用场所各设置一组或若干组两只至三只垃圾桶,其中一只投放湿垃圾,一只投放干垃圾,备一只放可回收垃圾(少数居民丢弃的可回收物品)。所有垃圾桶上均应贴上明显的规范标签。试点采取分类袋装投放、定时分类收集垃圾的方式。小区居民可自行将户内垃圾分类装袋投入至小区内配置的垃圾容器内;机关单位应有专人将办公室和卫生间的干、湿垃圾分别集中收集投放于院内配置的相应垃圾容器内。学校每个班级每天应有垃圾分类值班员将本班级垃圾集中分类投放于校内垃圾集中点的相应垃圾容器内。而试点区域的垃圾由环卫专业公司分干、湿两类进行收运。2012年4月,黄家湾垃圾处理场填埋气发电并网工程通过验收并于当月试运行。该项目历时一年多,相继完成了项目环评批复、电力接入系统方案批复、项目立项、土建厂房施工建设、设备购置等筹备工作。随后,市城管局固废公司与上海百川畅银新能源有限公司合作,共同完成了黄家湾垃圾处理场填埋气并网发电工程。黄家湾垃圾处理场每天垃圾产生的沼气,通过"变废为宝",发的电直接进入国家电网,为千家万户所用,实现真正的"垃圾变宝"。另外,加强垃圾处置设施建设,餐厨垃圾处置项目完成申报立项、选址、可研环评等前期工作,垃圾焚烧发电项目已经签约,城区生活垃圾无害化处理率达到89.3%。

(2)强力整治建筑工地及渣土等散体物料运输管理。宜昌在建设特大城市过程中,建设项目多、工地多,建筑垃圾及散体物料运输车辆管理难度大。针对建筑渣土施工中的重点、难点,宜昌市环卫部门按照市城管局下发的《关于加强城区建筑垃圾及散体物料运输处置管理的通告》和《关于加强城区建筑垃圾及散体物料运输处置管理的通知》文件规定,主要从如下着手治理这一顽疾:首先,加强建筑工地管理,强制要求全市城区各建设工地建立洗车平台,设立缓冲地带,落实有关工地出入口硬化的要求。其次,建立全市城区建筑垃圾专用填埋场所,规范建筑垃圾临时填埋场所,加强建筑垃圾消纳场所的现场管理,目前城区最大的洋坝处置场,距中心城区约有20公里的路程,位于峡口风

第五章 宜昌城市管理的突出成效

景区的处置场距城区距离也较远,这使得渣土的运输成本较高。再次,加大渣土运输等违法行为查处力度。为解决建筑渣土污染城市环境问题,督办建筑工地设置车辆冲洗槽、硬化进出路面,24 小时监管渣土运输,并对城区 22 处大型建筑工地实施专项考核。2013 年以来,查处渣土漏撒 45 起、处罚 11.5 万元。最后,积极利用高新科技,加大监控力度。配合市电子政务办,宜昌市市政环卫处建筑渣土管理办公室以湖北坤洁土石方公司作为试点,在渣土运输车鄂 E-B6155 上安装了 3G 车载视频监控系统,该设备包含 1 台监控主机、2 个室内摄像头、1 个室外摄像头。该系统运用 3G 技术,实时监控渣土运输车辆是否规范操作,尤其是车轮是否带泥、污染道路等情况进行实时监控,主机还能存储记录两个月的监控数据。为城市管理部门加强对运输企业及其运输车辆文明施工的监督、取证、管理提供了技术保障,这一技术已经逐步在全市推广。当然,要使得这一工作进一步突出成效,还需要全面实行渣土运输企业市场准入制度,启动渣土企业考核考评,实现城区渣土运输企业的总量控制,彻底解决建筑工地及渣土运输管理这一老大难问题。

(3) 全面启动城乡接合部环境卫生同治工作。城乡接合部由于其所处的特殊性和复杂性,使之成为"三不管"的盲区。在这些区域,市政设施往往比较薄弱,市民卫生意识较差,地面无人清扫、垃圾无人清运、乱倒偷倒垃圾等问题相当突出。为此,宜昌早在 2007 年就出台了《宜昌市城区城中村及城乡接合部整治方案》,该方案制定了工作目标、明确了工作任务、细化了工作步骤、完善了整治措施,历年来已经取得了明显成绩。2013 年,宜昌市城市管理局采取如下有力措施,加大对城区城中村及城乡接合部的整治:①狠抓城乡接合部环境卫生同治工作,统一部署,统筹协调,明晰权责,加大投入,加强沟通;②以乡镇为单位,从乡镇所辖区域的卫生和秩序、农贸市场管理、环卫设施建设和管理、城市管理工作保障、灯饰管理以及交办、督办工作落实情况等多方面入手进行按月考核排队,重奖重罚,充分调动各方积极性,强力推动宜昌城乡接合部环境卫生治理工作。

(4) 有效开展夜市和小餐饮店整治工作。宜昌市不少夜市摊点和小餐饮店前面污水横流、油迹斑斑,油烟污渍不堪入目,占道经营严重。这一现象在一些次干道和背街小巷尤为严重,老百姓反映极其强烈。针对这些问题,宜昌市城管部门采取以下措施加强整治:①加强联合执法、集中整治。在市局的统一部署下,各区县城管分局联合公安、工商、交警等部门,组成综合执法队,定期不定期地对民众反响强烈的重点夜市进行清理整治,重点解决居民投诉较多的出店营业和占道经营问题。对屡教不改的，依法严处。②加大执法力度，点内规范，点外取缔。对小餐饮店的整治，要求在城区主次干道坚决杜绝煤火灶，实行煤改气，优化能源结构；要配设垃圾收集容器，规定集中收集时间，明确各门店责任人。③要杜绝出店经营、占道经营，各门店均需签订责任状，实行重奖重罚。④积极探索夜市管理方式，以"疏堵结合、以疏为主"的方式，积极加强教育。如划定经营区域，实行统一登记管理、统一使用垃圾容器、统一经营时间、统一遮阳雨棚、统一照明灯具等规范管理模式，加强规范化管理。

(5) 聘任市容环境监督员，增强市容监管力量。2012年2月，宜昌市对中心城区西陵区、伍家岗区、宜昌高新区配备100余名市容环境监督员，加大对市容环境巡查力度。这100余名市容环境监督员统一佩戴袖章，上街执勤，对随地吐痰便溺、乱扔乱倒、乱刻乱画乱张贴、随意吊挂晾晒物品以及横穿马路和不按交通信号行走的6种不文明行为予以制止，并按规定实施处罚。自实施市容环境监督员制度以来，市容环境巡查力度大大增强，各种违规现象有所改观，但市容监督员的执法权力也曾遭受质疑，所以市容监督员主要应以教育为主。另外，市容监督员的人数有限，力量略显单薄，也是亟待解决的问题之一。

4. 落实市政设施整治。宜昌市委、市政府长期以来高度重视市政设施建设。市城市管理局在市委市政府的指导下，按照"科学、严格、精细、长效"的要求，加大力度全面开展市政设施整治工作。宜昌市城管局充分认识到市政设施整治对城区建设的重要性，坚定不移地贯彻落实市里的指示和要求。为切实抓好整治工作，根据市委市政府的有关精神，市城管局早谋划、早部署、明确下达任务指标，通过定目标、定任务、定进度、一级抓一级、层层抓落实，督促各责任单位按任务分解表做好整治工作。同时，市委市政府主要领导多次过问整治工作，多次在各类工作会议上强调抓好市政设施综合整治工作对全市环境的推动作用，分管副市长更是亲力亲为，多次召开整治工作协调会，进行部署，协调解决工作中的难题，并经常深入整治现场指导工作，提出了指导性意见，确保各项整治工作顺利开展。宜昌主城区虽然面积不大，但老城区基础设施薄弱；按照建设特大型城市要求，城区面积不断扩张，这给市政设施建设和整治带来了新的挑战。市政设施综合整治是一项复杂的系统工程，涉及面广，整治难度大，需要投入的整治经费较多。针对这种情况，为保证市政设施综合整治工作的顺利开展，2013年年初，宜昌市聘请专业公司对全区道路、桥梁、照明、隧洞等市政设施进行全面调查，对市政设施的现状、拟整治的重点等情

第五章 宜昌城市管理的突出成效

况进行了全面调研,并根据调研的具体情况,定出亟须整治的重点市政设施,科学合理地开展市政设施整治工作,使整治工作取得了良好的效果。市政设施整治目标是:(1)市政设施管护到位,发现问题及时修缮,设施功能完善、运行良好。(2)做好人行道维护良好,对损坏、缺陷、松动的人行道彩砖及时更换、修复。(3)对破损路面进行修复、改造,重点对破损严重的路面进行改造,确保市区路面无明显破损缺陷、无坑洼积水现象。(4)定时清掏、清理主次干道水沟及下水道,确保无污水外溢、横流现象,加强窨井盖板、水沟盖板管护,对缺失的盖板及时修复补齐。(5)加强落地式灯箱广告管理,对破损、过期的广告及时予以修复、更新。(6)加强隔离栏、护栏等设施管护,定期做好清洗、整理。(7)加强路灯、公益夜景灯管护,确保完好、正常亮化。

宜昌市政设施整治工作主要由隶属于宜昌市城管局的市政设施维修管理处具体负责。在市城管局的指导下,该管理处创新思维,用新办法、新技术解决设施维护管理中的老问题,把市委市政府"便民行动、精细管理"的工作要求落到实处,为履行上级赋予的职能职责做出了不懈努力。2013年度,该管理处对宜昌市城市部件进行首次普查,全市市政设施一一发放"数字户口",并对其管护单位、设施状况等身份信息一一登记在案。在设施维修方面突出"便民",在快速上下工夫,集中资源组建了市政设施巡查、抢修分队,实行巡视发现,数字化传递,快速抢修程序化作业,做到设施随坏随修;注重科技进步,引进JK24、沥青综合养护等快速维修新工艺,提高了道路维修的速度和质量。在设施管理方面突出"精细管理",在长效机制上下工夫,加强队伍建设,扩大设施巡查管理的覆盖面,加大监督考核力度,增加双休值班巡查,堵住管理上的"盲区"。在社会公益服务方面,加强制度建设,规范作业程序,把服务工作延伸到社区,有效解决了污水外溢和城市"黑洞"问题。在加快市政基地建设方面,注重产品开发,服务重点工程,开发的连锁型荷兰砖,美观大方,环保吸水是理想的人行道铺装材料,在城区得到了广泛应用。按精细化要求生产的市政设施配套产品,改善了设施细部处理效果,增强了设施的整体美观性,逐步实现了地井设施标准化,通过近几年努力基本解决了人行道"跷跷板"问题。充分利用市政110服务热线这个平台,不断提高上为政府分忧、下为百姓解难的服务能力和水平。近两年共接转市民投诉求助电话3732起,及时处置污水外溢2013起,责任范围内处结率为100%。累计为弱势群体、社区、无产权单位居民,义务清疏下水道4.64万米,清掏化粪池153座,切实为市民办了实事、解了难题,得到了政府的肯定,受到了社会的赞誉,赢得了百姓拥护。

【专题材料 5-1】井盖破损关系着市民出行安全,可这小小的井盖"黑洞"维修起来却是难关重重。尤其是综合井盖,从确认井盖归属到正式维修,少则3天多则10天。西陵区城管市政维修部门于2013年10月底推出了综合井盖先行维修的相关办法,先填好"黑洞"确保居民出行安全,再谈井盖归属、维修费用等问题。综合井与市政部门负责的排水井不同,一个综合井里最少有3家不同单位的管线,最多有八、九家单位的线路,按照以前的维修流程,要先确认归属单位,再找到所有相关单位来开联席会,由各单位商量联系维修,最后完成更换维修工作。一套流程走完差不多要一周时间。先行维修办法就是不踢皮球、不拖时间地来解决市民的出行安全问题,综合井盖先行维修办法于10月26日正式开始实行。

新的维修流程首先是市政部门每天安排8名工作人员巡查主干道各路段,发现综合井盖出现问题,第一时间联系城管平台;工作人员在24小时内现场勘察,开井确定井内管线所属单位,通知到各单位后马上开始维修;维修完成验收时,请各管线单位负责人来查验,维修费用由各单位均摊。(《综合井盖维修不再踢"皮球"》,载《三峡日报》2013年11月20日第3版。)

五、注重公众参与,构建了和谐城管新路径

公众是完善城市管理的重要因素。打个比方,如果把政府对城市管理比喻成往瓶子里装石头,装得再满石头之间也会有缝隙存在。那么公众参与就是弥补其中缝隙的好方法。城市管理以科学的管理为准绳,通过创新机制、优化职能和业务流程重组等手段,形成具有决策、执行、监督、咨询、反馈等功能的持续改进的闭环管理系统。通过公众参与城市管理实现从粗放管理到科学管理,从低效率到高效率,从被动服务到主动服务,从短期行为到长效管理的转变。公众参与的基本措施主要有:一是坚持信息公开制度,通过新闻媒体、门户网站等向社会公开有关政策法规、发展规划、公共服务等政务信息,保障公众的知情权;二是实施城管公示制度,对重大城管决策事先向社会公示;三是建立专家咨询制度,决策重大城管问题要听取相关研究机构、高校专家和研究人员的意见和建议;四是健全意见征集制度,重大决策充分征集和吸收公众的意见和建议;五是倡导社会听证制度,有关重要行政许可事项涉及相关公众权益时,依照职权或者应当事人的申请,依法召开听证会;六是完善城管系统信访工作制度,办好建议提案工作,加强对重点信访的协调督查,建立健全公

第五章 宜昌城市管理的突出成效

众参与的工作程序、实施办法,进行公众参与内容的项目分类,使公众参与规范化、制度化。

城市管理是一个由多元素、多环节、多层次构成的,开放的、复杂的巨系统,建设和谐城管需要充分调动政府各职能部门、社会各界的积极性。"人民城管为人民""人民城管人民建",在打造一支素质高、装备好的专业城管队伍的同时,充分发挥社会力量参与城管建设是城管能否取得成功的关键。宜昌市人民政府始终将社会团体和人民群众视为城市管理的主力军,充分调动社会各界和市民群众的积极性,共同管理城市。其举措主要表现在如下几个方面:

一是注重宣传,增强公众对城市管理的责任心。为此,宜昌市城市管理局树立"为民管城共筑大城梦,转型升级同创幸福城"的城管理念,长期开展以"宜昌是我家,人人都爱她""文明创建人人参与,文明城市人人受益"的主题活动,在全市范围内大张旗鼓地宣传造势,使市民了解哪些事情能做,哪些事情不能做,通过宣传报道让市民了解市容环境监督员的工作,形成"个人自己约束、互相之间提醒、全民共同遵守"的氛围,由少数人管多数人,向多数人管少数人的转变。

二是聘请市容环境监督员,让社会力量参与城市管理。为此,宜昌市总共聘请了100余名市容环境监督员,他们协助城管执法队员对"六乱"行为进行劝导、教育、纠正、处罚。为了做好该项工作,市城市管理局组织专家队伍对市容环境监督员进行了正规培训,为市容环境监督员组织采购反光背心、工作帽、袖章、工作牌、工作用袋、拾垃圾钳子等工作用品,并根据天气状况及时配备了防寒棉衣、围巾、手套、雨衣雨鞋等防寒防雨用品,为市容环境监督员购买意外伤害保险,尽量解决他们开展工作的后顾之忧。

三是鼓励社团参与,打造城管建设的第三方力量。现代社会事务千头万绪、错综复杂,而政府的理念是要形成"有限政府",所以仅靠政府的力量往往难以实现对社会的有效管理,这就形成了社会的无限需求与政府力量的有限性之间的矛盾,必须靠第三方力量壮大公共管理的力量,社会团体因其具有先天的凝聚力和创新性当仁不让地成为政府力量的有益补充。在城市管理中如果能充分发挥社团的力量,不但能提升公民的城管意识,还能减轻政府负担,做成政府想做而不能做到的事情,达到意想不到的效果。在宜昌创建文明城市的过程中,一些社会团体积极响应政府的号召,开展了形式多样的宣传、调研活动,产生了较大的社会影响。例如,2013年2月19日至3月25日,宜昌环保协会发动志愿者每天上街宣传劝导,在人口密集地段如夷陵广场、CBD、解放路步行街、万达广场等路段开展发放小手帕、捡拾垃圾、街头调查、环保宣传等活动;三峡大学环保协会多次组织志愿者到长江边上义务捡垃圾,打造"绿色长江"。

四是开门纳谏,广泛听取民意,打造人民满意城管。为塑造城管执法队伍的良好形象,促进城管执法工作开展,宜昌城管部门把打造"用心服务、为民城管;用情执法、和谐城管;长效管理、法治城管;公众参与、全民城管"作为政风行风建设的核心内容。在全体工作人员中认真开展"十一查十一看"活动,即查精神风貌,看是否存在思想意志消沉、心态浮躁、不思进取的问题;查工作作风,看是否存在作风涣散、纪律松弛的问题;查执行力高低,看是否存在有令不行、有禁不止的问题;查工作效能,看是否存在相互推诿和办事拖拉的问题;查责任落实,看是否存在岗位职责不清、工作责任不到位不到人的问题;查工作质量,看是否存在工作马虎、程序不合法的问题;查文明执法,看是否在执法过程中存在形象不规范、言行举止不文明的问题;查廉洁自律,看是否存在以权谋私和吃拿卡要及"三乱"(乱罚款、乱收费、乱摊派)的问题;查班子建设,看是否存在不团结、不讲原则、班子战斗力不强的问题;查学习风气,看是否存在学习抓得不紧、结合实际不密切、学习流于形式的问题;查队伍管理,看是否存在制度不健全、监督不严格和管理松散的问题。宜昌市城市管理局还开展信访接待"四个一"活动,即一张笑脸喜相迎,一杯热茶暖人心,一有疑问有解答,一经举报有反馈。从而杜绝了"门难进、脸难看、话难听、事难办"的现象,收到了较好的社会效果。

在建章立制方面,宜昌市城管监察支队制订出台了城管行政执法"五要十不准"和《宜昌市城管监察督察管理规定》,凡违反的,一经查实严肃处理,凡查实有"吃、拿、卡、要"损害群众利益行为的,一律严肃查处或予以辞退;制订了《宜昌市城管监察支队行政执法过错责任追究办法》,严格按考评标准评分细则组织实施;进一步强化政风行风监督员工作,完善人大代表、政协委员、民主党派、专门督察、新闻媒体和行风监督员"五位一体"的行风建设监管网络,全面拓展行风建设监督范围。

此外,宜昌市城管监察支队还采取"走出去请进来"的方法,召开座谈会,向市民发放征求意见表,上门虚心听取意见,和群众进行广泛沟通;公开投诉电话和城管信箱,开展征询意见专栏开门纳谏,征求群众意见和建议。城管部门通过组织队员上街头、进企业、入乡村等方式,广泛宣传民主评议政风行风

第五章　宜昌城市管理的突出成效

工作,面向社会发放征求意见表,请市民,在宜施工企业、学校、社区、商户等单位就城管执法6个方面的工作广泛征求群众的意见和建议,共收回277份意见和建议表。针对群众反映强烈的餐馆油烟、施工噪音、施工车辆带泥上路、夜市周边环境脏乱差、乱搭乱建、占道经营6大类问题,切实抓好整改工作。高度的重视和得力的措施,换来的是群众的日益理解,测评满意度大幅提高。昔日与城管执法人员"打游击战"的游摊小贩,现在主动与城管执法者打招呼,还就城市管理提出自己的建议。

2013年5月,宜昌首届电视问政启动,开门纳谏听民意。如垃圾堆放、违章建筑、噪声污染等。广泛听取市民意见,能了解工作中没注意到的问题,对城管队伍也是一种提升。2013年7月,宜昌市城市管理局启动宜昌市首届"人民满意城管执法队员"评选活动,市民通过各种渠道积极投票,选出心目中的优秀城管执法队员。另外,城管先锋、城市美容师、最美环卫工人等一项项评比活动也如火如荼地展开,这一方面树起一面面旗帜,传递着城市管理正能量;另一方面拉近了城市管理与市民的距离,让市民真正参与到城管中来,树立城市管理的主人翁意识,更好地支持城市管理部门的工作。

【专题资料5-2】2012年1月11日19时,市城管监督指挥中心接到市民举报:宜昌城区丰泽东方城旁电力设计院门口的房子三单元楼顶正在违建。接到举报后,负责辖区夜间巡查的市城管局伍家岗大队应急处置中队立即奔赴现场核查,确定了违法建设情况属实,并立即进行了停工处理。次日,负责辖区管理的伍家岗大队宝塔河中队就对该违法建设实施了拆除。按照程序,市城管执法局监察支队确定了市民举报属实且属城管执法队伍巡查未发现的违法建设行为,现已通知举报人并且对其兑现100元的奖金。这是全市开展节假日违建大整治,开通有奖举报违法建设以来首例举报违建行为且已兑现奖励的案例。(《举报违建,城管兑现100元奖励》,载《三峡晚报》2012年1月13日第1版)

六、规范工作状态考核,实现了考评优化升级

宜昌城管之所以在近年来取得了一系列显著成绩,与其构建了一套严格科学的考核制度是分不开的,并在实践中根据"实事求是、客观公正、奖惩分明、从严考核"的原则,鼓励先进,惩罚后进。其基本的理念包括:把城市管理工作标准当作城市管理的一面"镜子",城市管理的任何部门应当经常面对"镜

子"审视自己的工作成绩,寻找问题,找出差距;把考评督查看成一条"鞭子",时刻鞭策自己把城市管理工作当作一门事业来做,当作一种信念来做,促使自己不断进步,提高工作绩效;通过严格考核、客观适度奖惩的经济激励功能激发每一位城管人员的工作热情,从根本上革除"干多干少一个样、干好干坏一个样"的大锅饭弊端,促成"才有所展"、"劳有所得"、"功有所奖"、"劣有所罚"的良好局面,促进宜昌城管事业持续健康发展。其主要措施包括如下几个方面。

首先,健全了城管目标考核的指标体系。目前相关规范性文件有《宜昌市城管监察督察管理规定》、《城管队员行为规范》、《行政执法工作程序》、《执法过错责任追究办法》、《案件集体审议制度》、《城管执法基本工作程序和标准》、《队员言行举止规范》、《服装标识管理规定》、《城管协管员考核管理办法》、"五要十不准"禁令等一系列规定,并将"五要十不准"禁令制成卡片,定做证件夹,与行政执法证合为一体,成为执法队员随身携带的重要证件。2012年5月18日颁布的《宜昌市县市区城市管理工作目标考核办法(试行)》(宜府办发〔2012〕40号)确立了"突出重点、统筹兼顾;统一标准、分类考核;注重基础、体现发展;实事求是、客观公正"的考核原则,确立了"周考核、月考核、季考核和年考核相结合的方式进行"的考核方式,并要求"组建专家组,专家组成员根据考核工作需要,从城市管理考核专家库中随机抽取"。2013年6月18日颁布的《宜昌市城区城市综合管理考核办法(试行)》确立了"统一组织、实事求是、客观公正、注重实效"的原则,并"邀请人大代表、政协委员、市民代表、媒体记者等对城区城市综合管理考核过程进行监督","考核分为日常工作考核、专项工作考核、重点工作考核及数字城管案件办理情况考核"。如此详尽的考核指标体系如同一份长长的试卷,也像一把准确的尺子,能客观、科学测算出每个考核单位的工作实效。

其次,提升城管目标考核在党委政府年度考核中的分量,强化城市管理的重要性。2013年,宜昌市将城管工作安排进县市区党委政府年度考核体系,分设6—14分(8个县市及夷陵区为6分,点军区10分,西陵区、伍家岗区及猇亭区12分,宜昌高新区14分),出台《宜昌市城区城市综合管理考评办法》,筹建考评专家库,引入人大代表、政协委员、新闻记者等第三方力量,采取日常即时考核、每周专项考核、每月综合考核相结合方式,对各区城管工作进行考评。确立了"日检查、周考核、月评价、年评比"的考核方式,还明确了日常检查、信息处置、交办督办、媒体曝光、社会评估等具体办法。同时,为了减轻市县城管的工作压力,体现考核实效,优化县市城管工作考核频次,由每季1次调整为上、下半年各1次。

再次,建立严格的奖罚制度,强化考评结果运用。2013年,首次设立1400万元的考评资金,用于对各区城市综合管理工作进行考评奖惩,实行专户管理。考评基金为专项资金,由各区上缴的考核保证金和市财政配套的奖励资金构成,每年1400万元,其中夷陵区、西陵区、伍家岗区、宜昌高新区各上缴考核保证金200万元,点军区、猇亭区各上缴考核保证金100万元,市财政配套400万元。对当月考核达到各区平均分数或超过90分的区,返还其所缴考核保证金的月均额度;对当月考核排名前三位的区进行奖励。对夷陵区、西陵区、伍家岗区、宜昌高新区按照第一名12万元、第二名10万元、第三名8万元的标准进行奖励;对点军区、猇亭区减半奖励。对月考成绩在各区平均分数以下且低于90分,且排名倒数后两位的区扣罚一定额度的考核保证金。对夷陵区、西陵区、伍家岗区、宜昌高新区按照倒数第一名10万元、倒数第二名8万元的标准进行扣罚,对点军区、猇亭区减半扣罚。各区所获奖励资金的40%用于城市管理工作经费,60%用于奖励城市管理工作的先进单位和个人。各区每季度要向市城管委办公室报备奖励资金使用情况。不仅要奖励出成效,还要惩罚后进,真正实现奖惩分明。对于连续两月考核居末位且考核成绩低于90分的区,要向市城管委书面说明原因,提出整改措施;连续3个月考核居末位且考核成绩低于90分的区,由市委、市政府主要领导约谈其党政主要负责人。

建立城管与媒体联动机制,加强第三方力量对城管的监督制约。近年来,随着政府对城市管理力度的加大,城管执法与部分群众之间的矛盾却有所加深,城市管理是一项普通而又繁重的工作,一些网络、电视、报纸不时出现城管执法不当,发生冲突事件的报道,有损城管队伍的形象,城管的社会地位得不到公众和媒体的普遍认可。因此,缓和城管部门与媒体的关系,建立城管与媒体的联动机制,是引导舆论向更接近于客观事实的方向发展的重要举措。三峡电视台拍摄考评视频,《三峡日报》等报纸头版固定版面,电视台、电台、"中国宜昌网"等媒体公布考评结果。

七、完善了城市管理投入机制,提升了城市管理现代化水平

宜昌的"大城管"改革能否成功,关键在于我们能否掌握和运用先进的城

市建设和管理理念；而将这些理念运用到实践中去，又需要一定的人力物力财力。尤其在市场经济条件下，物质投入缺斤少两，很容易影响预期效果的取得。在这一方面，"株洲经验"值得推广。株洲先后完成了基础数据普查、实景影像采集、软硬件系统集成、各区指挥中心场地建设、市区城管指挥机构人员配备与培训。其数字化城管系统在全国首家融入 3G 现代通信技术，并在 GPS 系统运用中，首次融入视频实时监控技术，"对环卫作业车辆、执法车辆、渣土运输车辆可以身临其境跟踪其运行与作业状态，足不出户即可对其进行远程调度指挥与监控"。"数字化城管"系统的运用，提升了城管工作的效率和速度；而所有关系城市管理技术的投入和引进，无疑都需要相当资金支持。一方面，缺乏城市环境整治专项资金。违法建设拆除、户外广告整治、生活垃圾分类收集等重点工作资金缺口较大，导致整治工作不能有效地持续开展。另一方面，作业维护费用偏低。以一级道路的环卫综合单价为例，目前宜昌市执行的是 4.2 元/平方米，而省定额规定的是 13.4 元/平方米，差距较大。再一方面，基础设施投入不够。公共厕所、垃圾转运站、垃圾集中处置设施总量不足、布局不均、档次不高。

　　城市环卫工人工作量大，但收入普遍较低。日夜奋斗在公益岗位上的辛勤工作者，如果不能在物质上得到较为有效的保障和满足，这就很容易挫伤其参与城市管理的积极性。这一点，从环卫工"招工难"，有所显现。另外，要对机械化作业设备加大投入力度，投入资金添置必要设备，降低环卫工人劳动强度，如购置垃圾清扫车和高空升降作业车、护栏自动清洗车等。根据城市规划，在加大政府对市政配套设施投入的同时，制定优惠政策，运用市场机制，鼓励和吸引社会资金参与市政配套设施建设。重点建设和改造一批农贸市场，增加一批停车泊位。对被占用的农贸市场、停车场必须限期调整归位。力争用 3—5 年时间使城市基础配套设施有较大的改善。

　　除了物力，还要考虑人力投入。提升城管效能，除了物质、技术上的充分保障以外，还必须重视人的因素。因为在机械化作业和信息化支撑还不能达到较高水平的情况下，必须强调人的因素，充实一线城市管理队伍，确保城区管理全覆盖。随着经济社会的不断发展，宜昌城区版图的不断扩张，宜昌市城市管理的范围也进一步扩大，必须通过强有力的管理手段，形成良好的城市管理氛围。目前，城管部门一线作业人员人数较少，工作强度大，所以必须充实一线人员的力量，以确保城市环境管理纵向到底，横向到边。

　　当前的重点：一是要提高环卫作业机械化水平。力争用 3 年时间，将环卫

第五章 宜昌城市管理的突出成效

作业机械化率提高到50%左右,从而提高环卫作业水平,减少聘用人员数量,实现城市道路以机械清扫清洗为主,环卫工人主要从事保洁的新型环卫作业模式。二是要对公厕、垃圾转运站、农贸市场、停车场进行全面的配套改造,完善城市功能,提高垃圾处置效率,为占道经营疏导和治理乱停乱靠提供场所。三是要对市政设施、园林绿化的作业标准和任务量进行核定。按照万分之四比例配备执法人员,实行参公管理。设立公安城管执法支队,实行两局双重管理。

八、扎实推进人民满意城管建设,群众满意度稳步提升

随着城管工作的进一步推进,城管效果的逐步显现,老百姓对城管工作的认同度逐步提升,满意度也逐渐回升。城管工作除了以上的一些成就外,城管执法也坚持做到文明规范。针对近年来全国各地频发城管违法执法、粗暴执法事件,宜昌市城市管理局及时召开全市城管系统法制建设和行政执法工作会议,出台《关于加强全市城管执法工作的意见》,邀请法学教授讲课,开展县市城管执法骨干实践培训,严格执行"五要十不准"规定,检查全市城管执法"五统一、三规范"落实情况,评选"人民群众满意城管执法队员",全市城管执法始终做到严格、文明、规范。(以下调查性图表反映了群众对城管建设的满意度)

第1题 您对环境卫生管理的整体满意度[单选题]

第2题 您对市政公用设施管理及夜景亮化工程建设的整体满意度[单选题]

选项	小计	比例
满意	39	34.82%
基本满意	62	55.36%
不满意	4	3.57%
不了解	7	6.25%
本题有效填写人次	112	

第3题　您对户外广告等行政审批服务工作的整体满意度[单选题]

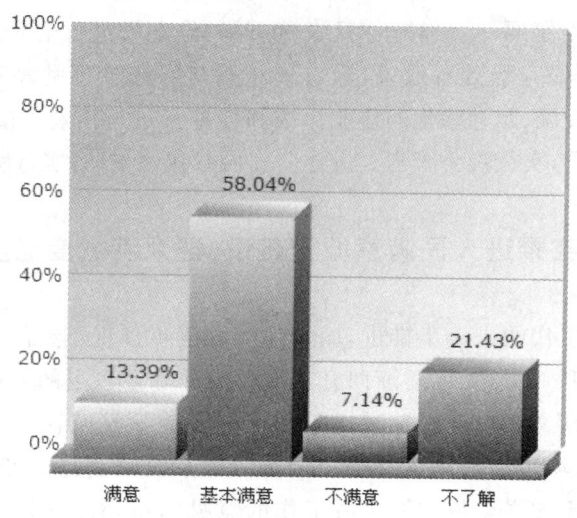

第4题　您对有关决议决定执行和廉政建设工作的整体满意度[单选题]

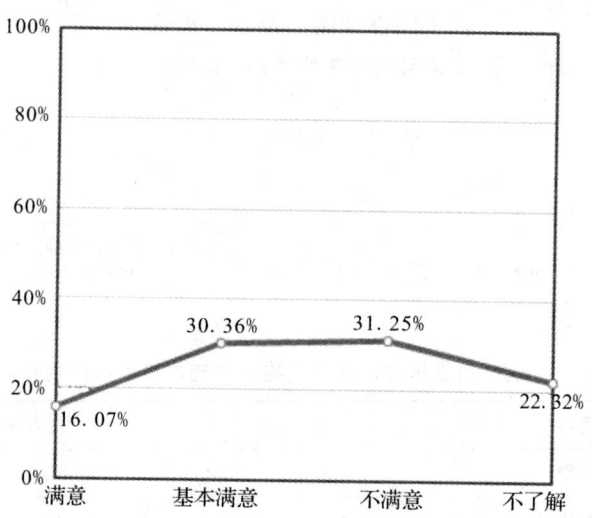

第五章 宜昌城市管理的突出成效

第 5 题　您对城管宣传力度的评价是[单选题]

选项	小计	比例
满意	35	31.25%
基本满意	53	47.32%
不满意	10	8.93%
不了解	14	12.5%
本题有效填写人次	112	

第 6 题　您对宜昌城管执法的评价是[单选题]

基本满意, 61.61%
满意, 16.07%
不了解, 13.39%
不满意, 8.93%

第六章
宜昌城市管理的不足及完善

近些年来,宜昌城市管理工作成绩十分突出,工作可圈可点,但应理性分析,客观对待,找出差距,缩小距离,要使宜昌的城市管理配得上全国文明城市、全国卫生城市的称号,特别是横亘在跨越式发展面前的根本性、长久性的问题,要特别重视,切实加以解决。

一、宜昌城市管理存在的问题

(一)体制机制凸显出一些弊端

进一步理顺市区两级城市管理体制,合理划分市区事权财权,充分调动各级各部门在城市管理工作中的积极性,加快推进现代化特大城市建设,宜昌在城市管理方面对体制机制进行了大刀阔斧的改革,改革带来了新的活力,但也凸显出一些问题。

首先,"大城管"模式运行缺乏动力机制。2010年,宜昌成立了城市综合管理委员会,由市长亲自任主任,成员单位达到40余家,基本实现了"大城管"运行体制。"大城管"改革为城市管理带来了新的理念,被寄予厚望,希望能破解城市管理中的诸多难题。实践证明"大城管"模式确实能在一定程度上整合资源,实行上下联动,形成城市治理合力,使传统城市"碎片化"管理向无缝隙化发展,从体制上消除了"七八顶大盖帽管一顶破草帽"的混乱现象,杜绝了"拉链工程",形成了快捷灵敏、强力高效的现代大城管模式,极大地提高了城市管理水平。但不可否认的是,这样一种城市管理新理念主要是靠地方党委和政府来推进的,是一种自上而下的强力推进方式。多数成员单位是抱着一种观望的态度,积极性明显不足。

其次,"重心下移"的弊端。宜昌推行城市管理体制改革后,工作重心下

第六章 宜昌城市管理的不足及完善

移,建立"两级管理、三级服务"的管理新模式,逐步形成了系统化、常态化的城市管理体制。但新的体制机制在充分发挥其优越性的同时,也逐步暴露出一些弊端,如:城市管理下放到区以后,各区组建了城管部门,行政处罚权、行政审批权、行政事业收费权等全部下放,市局主要是统筹规划。这样虽然厘清了市与区之间的关系,但在工作衔接、执法推进方面还存在一些问题。权力下放以后,实现分级管理,区县城管部门的人财物不再受制于市局,而是由区县直接管理,市局对区级城管部门只存在业务指导关系,而不是直接的领导与被领导的关系,这就使得城市管理理念往往难以实现统一,工作推进的顺畅性也大打折扣。

最后,各区县体制不完全统一,各自为政现象比较严重。这主要表现在:其一,少数区政府对所辖街办(乡镇)、村(居)城管工作考评方式单一,无排名和奖惩;少数区城管局与区直相关部门协调机制不健全,区城管委作用没有完全发挥;少数区城管局内部衔接不够,城管执法与市政环卫没有形成合力。其二,从体制看,枝江市、当阳市、远安县城管局为正科级政府工作部门;秭归县、长阳县、五峰县城管局为政府直属正科级全额拨款事业单位;宜都市、兴山县城管局为隶属住建局管理的副科级全额拨款事业单位。就职责讲,宜都城管不负责防违控违;枝江的市政设施维护在住建部门;长阳城管还要清理清江水面垃圾;五峰城管只对新县城和柴埠溪大峡谷风景规划区进行管理等,没有形成统一的体制机制,难以形成统一的管理理念和管理模式,也不利于统一考评。

（二）城管执法力量单薄,执法环境有待改善

宜昌市目前城区面积 110 平方公里,市区人口 140 余万,到 2015 年,将实现城区人口 200 万、建成 200 平方公里的宏伟目标。目前,宜昌城区各项指标居全省前列,着眼建设特大城市。作为全国著名的旅游城市,2012 年共接待国内外游客 2639.34 万人次,2013 年数据虽然尚未统计,但相较于 2012 年,各项旅游指标均有较大幅度增长。另外,随着城市建设的步伐加快,外来务工人员很多。流动人口的持续增长给城市管理带来了不小压力。自 2007 年 6 月开始,随着工商行政管理、环境保护、公安交警的部分行政处罚权陆续让渡给市城管局。宜昌城区以往"分而治之"的低效管理局面,逐步被"行政处罚权"相对集中的态势而改变。权力的让渡对城管部门不仅意味着其权力增大,更是对城管部门执法能力、执法水平的极大考验。虽然宜昌市已经形成了"大

城管"运行模式,取得了较好的效果,但也存在如下几个问题:一是市容环境监督员的数量仍然不够。宜昌城区市容环境监督员总人数为100人,主要分布在一些主要干道,这一监督力量明显薄弱,使得市民的"六乱"行为得不到及时有效的制止。二是公安局提供的警力不稳定,城管执法矛盾依然突出,2012年以来有127名城管执法队员因公受伤。城管执法队员参公管理尚未完全落实,需要加大争取政策支持的力度。公安机关往往在大型联合行动时才能抽调警力与城管部门联合执法,但由于公安机关任务重、警力严重不足,随着工作重心的改变,其投入城管的执法力量势必受到影响,会在很大程度上影响城管执法的刚性,目前此一趋势已经呈现苗头。三是背街小巷的城管执法力量亟待充实。背街小巷的市容治理是城管治理的一项重要内容,也是最为薄弱的环节,其执法力量急需强化。因此,面对如此执法困境,创新背街小巷的城管模式势在必行。

(三)市容治理有待进一步加强,管理死角有待进一步突破

自近年开展"百日整治"以来,宜昌的市容市貌发生了较大的改观,赢得了广大市民的肯定,但由于种种原因,有些方面的工作进展还不尽人意,在如下几个方面还需要加强:

1. "门前三包责任制"还应当更加完善。虽然取得了一定成绩,但从制度层面而言,《宜昌市城区"门前三包"责任制实施办法》(1995年市政府28号令,以下简称《实施办法》)已施行17年,已经不适应宜昌现在的发展态势。宜昌市城管局局长张毅同志曾向宜昌市人大常委会提出对该《实施办法》进行修改的议案。其建议主要包括:一是明确成立专门工作机构,在市城市综合管理委员会下成立市"门前三包"管理办公室,与市城管局合署办公,配备2~3名专职人员。各区参照市级模式,成立相应工作机构,配备专职工作人员。二是明确建立健全监管机制,按照属地管理原则,市负责组织、考核,各区负责实施、落实。三是明确建立保证金制度,凡行政、事业、企业单位和有物业公司管理小区,按其所有或管理的临街建筑物面积每年每平方米100元标准缴纳保证金,集贸市场、施工工地按每处5000元标准缴纳保证金,城市公共设施按每处100元标准缴纳保证金。保证金由街道办事处(乡、镇)组织收取,并根据定期考核结果和标准予以奖惩,具体办法由各区人民政府确定。四是明确建立考核奖惩制度,将各区落实"门前三包"责任制情况纳入城市综合管理考核内容,每月进行一次综合考评,成绩在新闻媒体上公布。市、区人民政府对"门前

第六章　宜昌城市管理的不足及完善

三包"管理工作成绩突出的单位和个人给予表彰和奖励,并将企业、个体经营户考核情况,记入工商、税务的诚信档案。五是明确经费保障,采取市区共同投入方式,市区两级财政每年拿出一定经费保障"门前三包"工作正常稳定持续开展。该议案高屋建瓴,受到宜昌市人大常委会的高度重视,正在积极研究对《实施办法》的修改工作。

在微观方面,主要应以下方面为抓手:首先,应建立"门前三包"责任制挂牌公示制度。各县区、各街道(乡镇)认真做好"门前三包"责任书的签订工作。责任单位签订"门前三包"责任书后,须在其场所内显著位置悬挂统一制作的"门前三包"责任牌,明确"三包"内容、范围及具体负责人员,以便于加强社会监督。其次,建立"门前三包"责任制台账制度。各县区主管单位和街道(乡镇)要进一步建立健全"门前三包"台账制度,对"门前三包"责任单位、经营户、住户进行备案和电子台账管理。责任单位和责任人发生变更的,及时进行登记备案,为检查、考核、评比提供依据。再次,建立"门前三包"责任制落实巡查制度。各县区和街道(乡镇)建立全方位监管、服务体系,定人、定时、定路、定责,切实加强辖区责任单位落实"门前三包"责任制的巡查和管控。最后,建立落实"门前三包"责任制联动机制。市政府有关部门和各县区认真履行各自承担的工作职责,将责任单位"门前三包"落实情况与卫生许可、工商执照办理、环评审批等行业许可挂钩,对认真落实"门前三包"责任制的经营户给予扶持和表彰;对不履行或履行不到位"门前三包"责任和对存在问题不及时整改的经营户,在办理相关手续时要问责和责令整改,监督其履行职责。

2. 建筑扬尘和渣土运输的监管不到位。自城管整治之初,宜昌市就加大了建筑扬尘和渣土运输的管理力度,例如,仅2013年5月份西陵区就对随意抛洒货物和带泥上路的22台次车辆进行了处罚,对2处未达施工要求的工地进行了整治,对1个不按规定施工的社区进行了查处。尽管查处力度较大,执法面有所扩大,但是由于执法力量不足,有很多违法案件没有得到应有的查处,由于违法机会成本较小,难以从根本上遏制建筑扬尘和渣土运输问题的治理。

3. 垃圾处理工作有待强化。目前城区垃圾收集作业,由市、区两级共同完成;其中由市环卫处负责处理的,每天就达近600吨。市环卫处在西陵区、伍家岗区及开发区(部分)等中心城区设置了590多个收集点,建有7个垃圾中转站,配备各类型压缩清运车、收集车等专业设备,将生活垃圾以转运和直运两种方式运至黄家湾垃圾处置场。虽然城区已经建立起系统完善的垃圾清运系,但垃圾分类及无害化处理水平依然有待提高。

宜昌市日产生活垃圾约858吨,加之市民的环境卫生意识有待提高,虽然政府加大了整治力度,但是生活垃圾的管理还是存在不少问题:一是路边市场、小摊小贩的卫生状况堪忧。在一些社区,特别是城乡接合部的路边市场、流动摊贩、夜宵市场,随意废弃生活垃圾,不能及时运走,导致垃圾成堆。二是"今天清,明天堆"的现象较为严重。在一些地段,建筑垃圾和生活垃圾成堆,致使道路尘土飞扬,给居民的生活带来极大的不便。虽然在接到投诉电话后,相关街道办事处及时把垃圾清理干净,但"今天清,明天堆"的乱堆垃圾现象在某些地方有愈演愈烈的趋势。三是垃圾焚烧屡禁不止。焚烧垃圾会产生二氧化硫、悬浮颗粒物、氮氧化物等污染物,让人呼吸困难,容易造成呼吸道的感染,引发呼吸系统的疾病,应当铁腕治理,但宜昌市垃圾焚烧的现象相当普遍,这严重影响了城市环境。

4. 大同小异的"同质化"、"脸谱化"倾向和趋势比较明显,眼前一亮的"噱头"不多,宜昌历史内涵、文化因子、地域特色没有充分显现,城市品位和魅力还有较大提升空间。

5. 流动摊贩的管理尚须进一步加强。流动摊贩大多是弱势群体,他们没有技能,又要养家糊口,摆摊赚点小钱实是无奈之举,因此一律取消小摊小贩既不现实,也不符合"以人为本"的理念,但由于小摊小贩的城管意识薄弱,相关配套设施也并不完备,摊贩的管理一直是一个城管难题。城管与摊贩之间的矛盾,已成了城市管理中一对非常尖锐的矛盾。一方面流动摊贩的低成本及机动灵活的经营方式迎合了城市低收入人群特别是基数庞大的外来务工人群的消费需求。另一方面,城管执法部门受资金、职能、人力等因素的限制难以对流动摊贩实行标本兼治。虽然宜昌城管部门一直以来注重对流动摊贩的管理,但在一些地方流动摊贩与城管人员玩"猫捉老鼠"的游戏,往往在集中整治以后又死灰复燃。这些流动摊贩往往占道经营,所售商品无质量安全保障,所到之处垃圾遍地,严重影响了市容市貌。

(四)城乡治理不同步,背街小巷的治理有待加强

城乡接合部既是环境卫生状况很差的薄弱环节,大多数也处于入城口的关键位置,影响外地人对一个城市环境卫生的初步印象,因此做好城乡接合部的环境卫生工作至关重要。近几年来,宜昌市加大了城乡接合部的治理力度,

第六章　宜昌城市管理的不足及完善

取得较大的进展。但客观地说,至今为止,宜昌市对城乡接合部的"脏乱差"的治理力度还是明显不够,城乡治理不同步的现象没有得到根本的扭转。例如,夷陵区与城区的中间结合部位为原葛洲坝集团管理地块,即夜明珠路段卫生状况一直较差,占道经营普遍,交通拥堵、夜市管理混乱,给市民的生活带来了极大不便,虽然城管部门极力整改,但效果依然不佳。

宜昌在主次干道的环境治理方面力度较大,地面干净,环境整洁,但有些背街小巷、居民小区的环境有待加强管理。如果只注重面子工程,不注重"内外兼修",无疑只是"金玉其外败絮其中"的形象工程。背街小巷的环境卫生没有改善,主次干道就是再光彩照人,也不会提升城市的文明度。因此,宜昌市在进一步巩固主次干道的治理成果的同时,加大对背街小巷的治理力度。背街小巷综合整治工作是宜昌推进"五创提质"的重要举措,是响应市民期盼、改善人居环境的民生工程。通过综合整治,不仅强化背街小巷的综合功能,方便市民生活,更将全面改善背街小巷的环境与面貌,促进城市整体形象的改善,提升城市的美誉度和市民的幸福感。近几年来,宜昌市对辖区内的近200条背街小巷进行改造。经过道路硬化、清淤和绿化等改造,昔日垃圾遍地、道路坑洼的背街小巷,如今焕然一新,成了居民休闲、娱乐的场所,也成了宣传党的政策和文明新风的文化长廊。

(五)城管协管员、市容监督员的管理尚须进一步规范

针对宜昌城市管理力量不足的实际,各地城管执法部门通过招聘协管员协助城管执法人员履行城市管理职责,有效缓解了城市管理的工作难度,在维护城市秩序、提升城市形象方面发挥了重要作用。但近年来,由于对城管协管员缺乏规范管理,导致一些恶性事件,如陕西延安、湖南邵阳、湖南临武等地发生了城管协管员暴力执法事件,造成了极坏的影响。必须严格管理,加强城管协管员队伍建设,以维护城管队伍的整体形象,适应新体制、新形势下城管执法工作需要。目前,城管协管员在总体比例、进口机制、过程管理、福利待遇等方面还存在不规范管理的现象,导致执法跨越权力边界、执法不规范的现象也在一定范围内存在,必须从如下方面加强管理。(1)将城管协管员的数量控制在合理范围之内。按照城管发展的趋势,"逐步取消城管协管员"是大势所趋。但就目前的城市管理实际来看,立即取消是不现实的。现实的做法是,按辖区人口万分之三至万分之五的比例配齐配足城管执法人员,确保城管执法人员"够用",并有计划地逐步减少城管协管员数量。(2)严把协管员入口关。宜昌

现在招聘城管协管员的条件是:遵循公开、公平、公正的原则,采取考试、考核、考察等方式面向社会择优录用。聘用的城管协管员必须具备政治思想素质好、年龄在30周岁以下、大专及以上文化程度、身体健康、无违法犯罪记录等硬性条件。复员退伍军人、全日制院校毕业生,在同等条件下优先聘用。(3)加强协管员教育培训。城管协管员是城市管理队伍的组成部分,必须纳入城市管理队伍统一进行教育培训,努力提高协管员素质。对新录用的城管协管员必须进行5天以上的岗前培训,经考试合格后方可上岗。各地城管执法部门每年应有计划地组织协管员集中教育培训,城管协管员的年集中培训时间应达到5天以上,每年至少安排10个月、每月不少于半天的集中学习。培训内容包括政治理论、政策法规、业务知识、文化素养、技能训练、军事训练等。(4)规范协管员队伍管理。一要规范协管员言行举止。协管员需按规定统一着制式服装,要举止端正,姿态良好,文明执勤,杜绝简单执法、粗暴执法等现象发生。二是依法界定协管员权限。协管员必须在执法人员直接带领下进行有关城市管理的法律、法规、政策和规定的宣传,其管理行为仅限于做好纠正、防止违法行为等辅助性工作,不得安排城管协管员从事调查取证、行政强制、行政处罚等执法工作或单独执行城管执法任务。城管执法人员执法时对城管协管员负有领导责任,对由于管理不严,发生城管协管员打人伤人等事件的,要追究带队执法人员的责任和其他相关人员责任。对违反管理规定和不适合城市管理工作的城管协管员,一律清退。(5)建立城管协管员考核、奖惩、激励机制。要进一步规范健全城管协管员队伍管理各项规章制度,推行"定人、定岗、定责"目标责任制,实行"轮岗、轮训、轮休"工作机制,建立健全考核奖惩机制,加大奖惩力度。要制定从城管协管员队伍吸收优秀人员的竞争激励机制,保证城管协管员队伍始终充满活力。

另外,市容监督员的管理有待进一步强化。市容监督员的管理在逐步规范化、制度化,但也存在如下一些亟待解决的问题:(1)个别市容环境监督员不注重自我影响,在工作期间聚集在一起抽烟聊天等,严重影响了执法严肃性;个别市容环境监督员专业素质不够,工作方法简单。(2)市容环境监督员的保障有待进一步强化。首先是人身安全应该得到保障,有的市容环境监督员对一些不文明现象进行劝导,从而招来谩骂甚至殴打;其次是劳动保障问题。市容环境监督员的劳动报酬很低,主要由市区两级财政负担,但政府部门没有依法为市容监督员缴纳法定的"五险",亦即养老保险、医疗保险、失业保险、工伤保险和生育保险。在这种情况下,如果市容环境监督员在工作中出现了工伤,

第六章　宜昌城市管理的不足及完善

仅仅靠意外伤害险费用难以保证其合法权益。(3)对市容监督员缺乏具体的制度保障。在对市容监督员的管理上，湖南省邵阳市建立了比较规范的管理办法。2012年7月，湖南省邵阳市人民政府颁布《邵阳市市容环境监督员管理办法》，该办法明确了"谁聘用、谁管理、谁负责"的原则，对于招聘条件做了明确规定，并界定了聘用单位和市容监督员各自的主要职责，对于市容监督员的福利待遇、考核奖惩也做了明确规定。所以，必须将市容环境监督员纳入制度保障体系，才能提高他们工作的积极性。

二、完善宜昌城市管理的建议

城市发展过程中伴随的经济、社会、环境等问题，无一例外地都与城市管理不善有关。宜昌在建设现代化特大城市的过程中，城市发展的复杂性、动态性对城市管理提出更高的要求。所以，应正确认识政府及其相关职能部门在城市管理中的角色定位、掌握市场经济条件下城市发展的一般规律，在客观评价现行城市管理体制及管理经验的基础上，认真剖析宜昌现行城市管理存在的问题，有针对性地提出改革和完善的方案。

（一）进一步转变城市管理理念，提高城市管理效能

传统的城市管理观念局限于城市环境卫生管理，这是一种狭隘的城市管理观。要管理好一座城市，必须树立现代城市管理理念。这主要包括：

（1）城市整合发展理念。城市发展的好坏，不仅要看GDP增长的速度，更要看城市的宜居程度。政府要积极面对城市发展进程中的新问题、新矛盾，以科学发展观为统领，以提升城市管理水平、维护城市环境秩序为主线，以人为本，以变求变，以新对新，努力拓展城市管理新领域，切实营造亲民爱民、全民参与、共建和谐城市、共享管理成果的良好氛围。

（2）企业化政府理念。这种观念要求以市场化的手段来提高政府的有效性，将私营部门的管理策略应用于政府，形成"企业化政府"。就城市管理而言，树立城市管理就是为市民服务的理念，强化社会协同，将能够推给市场的城市管理板块推向市场，淡化城市管理部门与城市公共产品供给部门之间的差异，借用私营部门的管理模式和企业家精神来打造"效能城管"，提高城市管理工作效率及管理水平。

（3）参与式管理理念。参与式管理是现代公共管理的核心内容，是西方国

家实现城市管理高效化的重要原因之一。参与式管理的思想就是摒弃城市公共管理部门才是城市管理的唯一主体的理念,要求政府、企业、社会联手形成参与式管理。参与式管理的核心价值理念是:城市管理不仅限于政府,城市管理部门需要吸纳私营部门及志愿者越来越多地参与战略性规划和服务;参与式管理不仅是管理主体的多元化,更要体现为主体间的相互依赖和互动;参与式管理主体之间不仅仅是一种监督关系,更是一种合作和协商。

(4)精细化管理理念。要从传统的粗放式城市管理理念中解脱出来,坚持建设管理并重,创新城市管理体制机制,积极推进数字化、网格化管理,促进城市环境持续改善。要以解决与群众生活密切相关的问题为重点,整合管理、信息、技术资源,再造管理流程,推动数字化管理的标准化、规范化。要坚持综合应用现代信息技术进行集成创新,实现实时、动态和精细管理,促进管理职能转变,提高社会管理和公共服务水平,增强政府公信力,更好地为广大人民群众服务。

(5)常态化管理理念。要转变长期以来城市管理运动式执法模式,要根据市场经济原则,开放城市基础设施建设市场与运营市场,建立城市公用服务市场体系,大力推进城市公用设施管养和服务的市场化、产业化、专业化、社会化进程。创新城市管理运行机制和手段,降低城市管理成本,提高城市管理效率,把工作重点放在分析问题原因、制定长效预防和治理措施上。

这些城市管理理念的培育,不仅仅是一种口号,而应将这些理念深入贯彻到城市管理的过程中,让新的理念引领城市管理者创新管理模式,提高管理效能。第一,要把加强城市管理作为推进城市现代化的重要内容来抓。宜昌要建设现代化特大城市,经济实力是基础,但现代化的表征不仅是经济实力的增长,而是涵盖诸如城市管理现代化、市民生活现代化等诸多要素的高效、协调、有序的城市管理;既是城市现代化的重要内容,又是推进城市现代化的内在要求。注重城市管理,推进城市管理现代化不能仅仅靠一个城市某些主要领导的重视,更需要建立一个长效的机制。第二,要把加强城市管理作为优化城市系统整体功能、提高城市综合效益的动力之源来抓。城市管理搞得好,可以出效率,出效益,出生产力。第三,要把加强城市管理作为改善投资环境的一件大事和精神文明建设的重要内容来抓。城市管理是保护城市环境,提升城市形象的有力手段;城市管理是密切党群关系,树立良好政府形象的"民心工程"。加强城市管理可以为市民提供舒适的生活环境、提高人们的生活品质和文明程度,从客观上为城市经济和社会的发展创造良好的环境。第四,必须坚持"集中统一,协商高效"的原则,从有利于提高城市整体功能、有利于为城市生产生活服务出发,理顺关系,明确职责,建立高效运行的城市管理体制。在进行体制机制改革的同时,也应避免冒进,必须在看到改革优势的同时,注重改革带来的一系列问题,否则适得其反。比如,管理"重心下移",使得城市管理的统一性和协调性降低,市局对于区县的城市管理仅仅是指导关系,这样也容易导致各自为政,各行其是,不利于统一规划、统一行动。

(二)做实"大城管"体制,形成城市管理合力

宜昌建立了城市管理委员会,这是推进城管"大部制"改革,推动"大城管"思想的重要举措。"大城管"实质是城市的综合管理,强调政府部门的协同,引领企业和公众的广泛参与,运用现代信息技术和技术手段,充分调动城市管理的积极因素,推动城市管理理念的变革,达到城市的"善治"状态。"大城管"不仅是体制机制的简单变革,更不是一些职能部门的简单联合,而是关乎城管理念的全新革命。必须从如下方面进一步完善体制机制改革:

1. 进一步明确"大城管"改革思路。城管体制改革必须以提升城市品质、提高人民生活水平、增强民众幸福感为目标,以社会管理创新综合改革试点为契机,以现代信息技术为先导,夯实基础、增强合力、科学管理、注重协调、整合资源、上下联动、提高效能。因此,必须树立"城管为民、法治为道、创新为先、参与为要、基层为重"的城管理念,坚持以人为本、全民参与、职能整合、全面协调、依法管理、精细操作的工作思路,按照"条块结合、以块为主、重心下移、公众参与、科学评价、监管分离"的总体思路,进一步推进城管体制机制改革,从"纵向到底、横向到边"的管理格局进一步向"纵向到底、横向到边、全面覆盖、不留死角"的城市管理新格局转变。要尽早制定《城市综合管理办法》,编制《城市综合管理手册》,细化市城管委成员单位城市管理职能职责,建立市城管委定期会议制度,研究市直部门、关联企业城市管理工作考核方式,建立现场督办、情况通报等工作制度,继续推进城市管理进社区入网格,推动"大城管"体制实体实质运转。

梳理过去工作轨迹,采取"三步渐进"式做法实施宜昌"大城管"改革,一是搭建结构框架,二是理顺市区职权,三是做实部门联动。前两步基本完成,以后的任务是要切实走好"第三步",确保宜昌"大城管"实质运转。

2. 准确定位城管局职责。体制改革后,市城管局工作由管微观向管宏观转变,由管作业向管行业转变,由管分支向管全局转变,站在行业的角度,对全

市城市管理工作进行宏观统筹、指挥协调、监督考核,相当于市委市政府城市管理工作的"研究室"、"规划局"、"目标办"和"督查室"。大城管改革将各成员单位的职责进行了明确的区分,市城市管理局的职责为:(1)履行城市综合管理委员会办公室职责,负责城市综合管理委员会日常事务;(2)草拟城市综合管理年度计划,制定并实施重大城市整治方案,发现、指导、督办城市管理存在问题的落实;(3)组织对城市综合管理委员会成员单位的考核,提出奖罚建议;(4)组织城市综合管理调研,深入推进城市综合管理体制机制调整,完善城市综合管理体系;(5)负责垃圾中转运输、处置,桥梁、隧道等设施运行管理,市政环卫及城管执法监督管理;(6)完成市城市综合管理委员会交办的其他工作。

具体而言,在大城管体制下,城管部门要当好"五大员"[①],即:一要突出顶层设计,当好"研究员"。大力研究全国全省同行的发展趋势、变化走向,以更超前的眼光、更宽阔的视野,设计好全市城市管理工作的发展战略、规划蓝图、体制机制、管养规程、定额标准、考核办法、队伍管理,把城市管理工作的顶层框架搭建好,把制度体系建设好,为全市城市管理工作指明前进的方向和坐标。二要突出总揽全局,当好"指挥员"。市城市管理局职责是要立足行业、立足跨越,对城市管理工作进行统一安排、指挥调度,下达发展目标、重点工作,防止各自为政、各行其是,避免出现"碎片"、产生"孤岛",切实形成"一个整体、分级实施、统筹推进"局面,做到"思想一致、方向一致、步调一致、行动一致"。三是突出协调各方,当好"协调员",即发挥市城管委办公室的职能优势,协调好市直部门与各区的关系,协调好市直部门之间的城市管理工作,让各区能够放心、放手、放胆开展工作。四是突出帮助指导,当好"服务员",即要进一步树立团队理念,增强大局意识,解决各区城市管理工作中的实际困难。五是突出检查考核,当好"裁判员",即按照"目标管理,过程监管,绩效挂钩"的思路和原则,健全完善考核体系,优化升级考核方式,设置考核奖惩基金,通过公平、科学、严格、有力的考核,形成城市管理工作倒逼机制。

(三)加强城管文化建设,提升城市管理品质

城管之本是法律,城管之魂是文化。文化是灵魂,文化是核心,没有文化的组织如同无源之水,无本之木,城管必须有自己的文化。作为年轻的社会管

[①] 参见宜昌市城市管理局局长张毅同志在市城市管理局2013年第二次局务会上的讲话提纲,2013年4月28日。

第六章　宜昌城市管理的不足及完善

理执法组织,城管缺少相应的文化机制,文化意识淡薄,文化理念滞后,文化观念狭隘。目前,虽然很多城市已经意识到并开始了城管文化的初步探索,但总体来说文化底蕴依然比较薄弱,没有形成系统的城管文化,甚至在认识上还存在不少误区。城管文化是一个崭新的课题,随着城市化进程的不断加速,市民群众的要求和期待越来越高,城管文化的作用将越来越重要,积极打造城管文化,创建文化品牌,凸显城管文化氛围迫在眉睫。当下,城镇化成为经济发展的主要引擎和经济发展方式转变的重心所在,城市管理日益重要,城管职能日益强化。应从如下方面加强城管文化建设。

1. 推动统一立法,争取城管文化认同。全国已有不少省、市出台了城市管理地方性法规,全国统一立法是大势所趋。通过统一立法,不仅能够建构城市管理的法律体系,还能通过统一城管执法部门的职能职责、执法权限、管理体制、队伍建制和保障机制,使城管队伍成为服务经济社会发展的一支大军,在全社会取得较高的文化认同。据悉,《湖北省城市综合管理条例》正在立法的过程中,这无疑有利于推动湖北省城管事业的发展。宜昌没有地方立法权,但可以继续制定完善有关规范性文件。

2. 明确城管职能定位,坚定城管文化取向。城管不是简单地搞搞环卫、搞搞绿化。在进一步推动城镇化、建设现代化特大城市、全国文明城市、全国旅游明星城市、全国卫生城市的宜昌,城市管理的作用愈来愈强大,城市管理与经济社会发展应同步进行,同等重要。新形势下城管职能应定位为五个方面:打造宜居环境,助推经济发展,提升城市文明,服务保障民生,促进稳定和谐。准确定位城管职能,深刻认识其内涵,城管文化才有高度的价值取向和文化审美。

3. 倡导核心价值理念,激发城管文化力量。人是文化生成与承载的第一要素,城管文化建设应以人为载体,树立民本理念,以人为本,以民为本,贴近实际,贴近生活,贴近群众。对市民负责,为市民服务,同时也要为管理对象着想,亲情执法,倾情服务,让人民群众安居乐业。努力转变执法理念,强化责任意识,树立服务观念,文明执法,精细管理,团结拼搏,勇于创新文化手段,完善文化设施,营造浓厚的城管文化氛围,形成共同的价值观念,不断提升城管整体形象,增强城管文化软实力,全力打造城管特色文化品牌。核心价值理念的形成是一个团队或单位在深层次精神文化建设上的重要体现。要弘扬"执法为民,纪律严明,自信自强,敬业奉献"的城管精神和倡导"爱民、尚法、文明、廉洁"的核心价值观,医治部分人员精神贫血、价值空心、信仰荒芜的文化病态,增强队员的职业荣誉感和归属感,增强队伍的凝聚力和向心力,激发广大城管执法队员为城管事业无私奉献的精神动力。

4. 加强公共舆论宣传,树立城管文化新形象。针对现在新闻媒体对城管负面报道的现象比较多,要建立良好的宣传平台,确立网络传媒应对机制,多从正面报道宜昌城市管理的新经验、新成就。要进一步加强网站建设,适时更新网站内容,做好重点、难点、热点问题的投诉回复工作,加强信息宣传互动。同时,加强网络舆情的搜集与监控,跟踪分析,发现苗头,妥善解决,加强正面舆论引导,占领网络信息传播制高点,培育健康理性的网络环境。再者,要建构多纬度的媒体平台,有重点地宣传城管部门依法行政的生动实践,宣传城管队伍正规化建设进程,真实报道城管人为提升城市文明的不懈努力,挖掘报道城管队伍中的先进典型,校正舆论导向,消除认识偏见,让各级党政更加重视关心城管,让社会各界更加理解支持城管,树立城管执法队伍崭新形象。

5. 建立城管研究会,加强城市管理对策研究。宜昌在创新城管模式的同时,还应注重城管工作的理论总结与推广宣传,因此,有必要建立城管研究会,其主要功能包括:(1)对城市管理行政执法工作的重大理论和实际问题,以及城市改革、发展和管理中突出的热点和难点问题,开展学术理论研究、经验总结、组织交流、提出政策建议,为政府部门在城市管理行政执法工作的发展与规划方面提供科学的决策依据;(2)接受城市管理行政执法部门委托,组织专家对城市管理行政执法工作开展相应的专项调查研究和咨询;(3)举办或协办城市管理行政执法工作的学术讲座、论坛、研讨班、培训班等,介绍国内外城市管理行政执法工作的经验和动态;(4)主办城管执法刊物、网站,编辑出版城市管理行政执法工作论文集、资料汇编和图书;(5)组织有益于城市管理行政执法工作健康发展的宣传活动和相关社会公益活动。

【专题材料6-1】宜昌城管系统非常重视城管文化建设,通过评选先进个人等形式宣传城管文化,重塑城管形象。2011年,在全省住建系统和宜昌市大力号召向城管执法先进典型李西全同志学习,认真组织开展城管系统"宜昌城市管理先锋"推荐和评选活动,评选30人,并挑选8名先锋在庆祝建党90周年大会上做事迹报告。和市文明办一起组织开展宜昌市道德模范(身边好人)巡讲活动,组建了以李西全、闵先银等为首的城市管理英模人物巡讲团,在各县市区巡讲13场,听众近万人。同时李西全还作为全省城市管理先进典型代表宜昌参加全省巡讲,掀起了道德模范看城管的高潮,在全省范围内树起了宜昌城管新形象。全年在市级主要媒体刊登部门通讯1000余篇,同比增长

15%，30余条上了头版或头条，在省政府研究室、省住建厅、市委市政府信息刊物、网站上发表各类信息 200 余篇，通过宜昌市城市管理局信息刊物、简报、网站上发表各类信息 2000 余条。湖北电视台制作并播出了长达 10 分钟的《创新城市管理 打造魅力宜昌》专题节目，介绍宜昌城市管理创新工作。中国报告文学发表了 20 万字长篇报告文学《人民好城管——李西全》。

（四）健全城市管理标准体系，全面提升管理水平

规划是城市市容建设与管理的龙头，没有科学、合理的规划，就难以有市容环境的整体提升和管理水平的全面提高。为此，宜昌市应从建立健全市容规划体系入手，加快市容规划的编制工作，为全面推进市容管理工作奠定良好的基础。目前，宜昌市已经制定了如下有关城市管理的规范性文件：(1)《宜昌市城市容貌标准》，宜昌市城市管理局、宜昌市住房和城乡建设委员会、宜昌市规划局共同制定，2013 年 4 月 30 日经市政府同意，自 2013 年 5 月 1 日起执行。(2)《宜昌市城市绿化实施办法》，1997 年 4 月 13 日市人民政府第二次常务会议讨论通过，1997 年 4 月 18 日市人民政府令第 45 号发布施行。(3)《宜昌市城区市容和环境卫生管理实施细则》，2005 年 12 月 9 日市人民政府第五十一次常务会议讨论通过，自 2006 年 5 月 1 日起施行。(4)《宜昌市城区城市管理行政执法实施办法》，2005 年 12 月 9 日市人民政府第五十一次常务会议讨论通过，自 2006 年 5 月 1 日起施行。(5)《宜昌市城区菜市场管理办法》，宜昌市政府颁发，自 2010 年 8 月 1 日起施行，有效期至 2014 年 12 月 31 日止；为配套此《办法》，宜昌市财政局于 2010 年 7 月发布《宜昌市城区菜市场建设发展专项资金管理办法》。(6)《宜昌市城区夜景灯光管理办法》，宜昌市人民政府 2012 年 7 月 27 日第六次常务会议通过，自 2012 年 9 月 1 日起施行。(7)《宜昌市中心城区门店招牌设置技术规定》，2013 年 5 月 6 日由宜昌市城市管理局、宜昌市规划局、宜昌市工商行政管理局颁布。(8)《宜昌市城区户外广告和招牌设置管理办法》，2011 年 7 月 5 日市人民政府第七十一次常务会议讨论通过，自 2011 年 9 月 1 日起施行。

目前，尽管已经搭建起城市管理的基本框架，但要形成城管建设整体规划，形成完备的制度体系，还需要进一步加强规范建设。从目前来看，主要缺少如下规划：

1.《宜昌市城市管理建设纲要》。《宜昌市城市管理建设纲要》是指导宜昌城市管理的纲要性文件，内容包括城管管理的指导思想、基本原则和总体目

标;市容环境卫生建设标准;宜昌市城市行政管理体制改革;城市市容环境卫生建设市场化改革措施;城管执法模式的创新及执法的规范化与法制化;城市管理的绩效考核;城管执法队伍建设;城管文化建设;城市管理的领导和保障。

2.《宜昌市美化、绿化总体规划》。制定《宜昌市美化、绿化总体规划》是宜昌市落实政府绿化法定义务的一项重要措施,也是科学合理稳步推进宜昌市绿化美化工作的有效方式。虽然市政府于1997年制定颁布了《宜昌市城市绿化实施办法》,《宜昌市城市总体规划(2011—2030年)》对城市园林绿地系统有所涉及,对城市景观特色、城市景观总体结构、绿楔与绿心、水系治理、规划人均公共绿地12平方米;规划绿地指标(规划近期绿化覆盖率41%以上,远期绿化覆盖率45%以上),但总体规划相关规定原则、抽象,必须制定《宜昌市美化、绿化总体规划》将之具体化,为宜昌市美化绿化工作提供路线图。2013年,为了提升宜昌市绿化工作的建设步伐,按照"大员上阵、大树上阵、大家上阵"的要求,采取得力措施,动员全市上下积极投身绿化美化行动。自2月以来,全市现已完成造林绿化24.77万亩,为年度任务的123.85%;全市233万人次参与了义务植树905.5万株,比2012年增加32.5万株;城区(含夷陵区)累计植树30.58万株,为2012年的2.73倍,其中大苗20574株,为2012年的10倍多。全市已完成重点绿化工程建设103项,完成投资近10亿元,随着城区重要节点重点绿化美化工程的推进实施,2013年全市绿化美化行动投入将达到20亿元以上,是近些年林业生态建设集中投入最多、效果最好、受益最广的时期。在此背景下,制定《宜昌市美化、绿化总体规划》就显得尤为急迫。

《宜昌市美化、绿化总体规划》的主要内容包括:城市绿地系统的规划原则、规划策略和目标、规划绿地类型、定额指标体系、绿地布局结构、各类绿地规划、绿化应用植物(植物树种、植物多样性、古树名木保护等)规划、绿线管理规划、绿地建设规划、实施措施规划、中心城区绿地系统详细规划的地域界线构建及框架、城市地表水体保护和控制的地域界线构建及框架等重大问题。

3.《宜昌市城市照明总体规划》。近几年来,宜昌市的城市照明工作取得了很大的成绩,但在照明工作法制化、规范化方面却有待进一步提升。2010年建设部修正了《城市照明管理规定》,该行政规章第6条规定:"城市照明主管部门应当会同有关部门,依据城市总体规划,组织编制城市照明专项规划,报本级人民政府批准后组织实施。"为了进一步提升全国照明工作的规范化程度,建设部出台了《城市夜景照明设计规范》、《城市道路照明设计标准》(CJJ45—91)。现在,全国各地许多城市均编制了照明规划方案,例如武汉出

第六章　宜昌城市管理的不足及完善

台了《武汉市城市道路绿色照明专项规划》，该规划以人们夜间活跃程度和人口密集程度不同，将中心区域路灯划分为由亮到暗四个不同的亮度区域，并确定相应的照明亮度，配备相应的照明设施。在路灯光色的设计上，武汉市还注重突出城市特色，体现历史和文化积淀。虽然宜昌市在城市照明取得了较大成绩，但是也存在一些问题，例如缺乏总体规划和设计，建设的规划性有待提升；城市照明营造景观较少，设计和建设水平不高，忽视了白天的视觉效果；城市重点天际线未能通过城市照明刻画出来，没有形成城市照明的"旅游观光网络"等。为了优化市民夜生活环境，改善城市夜间景观，塑造优秀的城市特征和时代风貌，树立宜昌市城区夜间新形象，提高其知名度和荣誉度，实现宜昌市城市照明和城市建设协调同步持续发展，创造具有宜昌地方特色的城市新环境，有必要及时启动《宜昌市城市照明总体规划》的编制工作，对规划设计目标、规划设计原理、规划设计定位、规划设计总体框架、城市照明规划的构成、最佳观景点的确定等进行规定，并在此基础上，对道路街区、单体建筑、水系、广场、公园、桥梁的照明进行详尽规划。

4.《宜昌市数字化城管系统建设规划》。数字化城市管理是利用将城市管理对象精确定位的万米单元网格法和城市部件事件管理法，建立科学的城市管理工作流程和绩效评价机制，是对城市管理体制、机制及管理手段的重大变革和创新。2004年，北京市"东城区网格化城市管理信息系统"正式上线运行，并被建设部确认为"数字化城市管理新模式"，组织在全国城市推广。2007年，试点城市达到51个，覆盖了全国25个省市自治区。为了进一步规范数字化城市管理模式，2009年，住房和城乡建设部出台了《数字化城市管理模式建设导则（试行）》。该导则明确指出："改革和完善城市管理机制，建立监督和管理分开、问题发现及时、处置标准明确、监督考核相对独立的城市管理机制。"2009年，株洲市启动了数字化城市管理信息系统项目，建立起"一个平台、两级监督指挥、三级考评、四级联动"和"部件以条为主，事件以区为主"的管理模式，形成了"管理网格化、作业精细化、考评标准化、运作市场化"的城市管理长效机制。

为了进一步推进宜昌市城市管理的科技水平，应借鉴国内外先进城市的经验，加速数字化城管的建设步伐，成立以市政府主要领导为组长的"数字城管"工作领导小组，由市"数字城管"工作领导小组牵头，制定出台《宜昌市数字化城管系统建设规划》，在如下六个方面形成数字城管体系建设的框架：(1)管理机构设置；(2)信息系统开发；(3)基础数据建设；(4)配套设施建设；(5)综合评价体系建设;(6)系统组成。

(五)注重城市"精细化"管理,多措并举化解城管顽疾

借鉴先进城市管理经验,建立"夯实基础、疏堵结合、刚柔相济、服务群众"的城管新模式。

1. 夯实基础,进一步强化城市综合治理

首先,要进一步推进城管执法重心下移。该城管体制在实践中运行流畅,取得了较大的成效,但基础还需进一步夯实,特别要解决社区、背街小巷的管理力量薄弱的问题。因此,在抓好主次干道、城市广场、公共部位管理的同时,宜昌市应注重城管工作的延伸,重在抓基层、打基础、管长远,探索出一条专群结合、优势互补、共建双赢的市容管理新路子。

其次,强化部门协调,形成执法合力。城管工作点多面广,涉及建设、规划、国土、公安、消防、市政、交通、园林、环保等诸多部门,由于工作各有侧重,条块分割、利益驱动,工作合力难以形成,城管部门缺乏权威,工作效果难以显现。为进一步整合现有资源,形成"统一指挥、整体联动、部门协作、快速反应、责任落实"的一体网格化联动协调管理新机制,建议市政府及时出台《关于构建城市管理工作多部门联动机制的实施意见的通知》。联动工作由城市管理委员会牵头指挥协调,依照制度组织开展例会或根据工作需要召开协调会议,对重、难、热点问题的处理进行安排部署。日常工作由区城管局负责,其他各部门及街道办事处负责具体参与配合。

再次,强化公安保障,确保城管工作顺利推进。为确保城市管理工作的顺利推进,很多地方注重强化公安机关对城管工作的支持和保障。如湖北天门市在现有城市管理公安室的基础上,组建城市管理治安警察中队。治安警察中队为常设机构,归口市公安局治安警察大队管理,配民警6名,其人员从市公安局现有民警中选配,受市城市管理行政执法局和市公安局双重领导。其主要职责是:管辖受理城管行政执法中出现的拒绝、阻碍或使用暴力威胁城管队员依法行使职权,以及其他危害城市管理行为应当追究法律责任的案件,为城管执法人员依据国家有关法律、法规和规章行使城市管理行政处罚权提供安全保障,维护城市管理行政执法的正常工作秩序。另外,甘肃省兰州市城管执法局设立城管公安分局,为城管执法提供有力保障,确保城管执法工作顺利开展。强化公安保障,通过联络沟通、值班备勤、联勤执法、联席会议、专项整治等形式,确保城管工作的顺利推进。

第六章　宜昌城市管理的不足及完善

2. 疏堵结合,破解市容管理难题

（1）流动摊贩治理。流动摊贩以及店面、夜市占道经营,一方面影响城市交通、市容市貌,另一方面它又方便市民生活,解决部分弱势群众就业糊口问题。面对这些问题,一些地方做了有益探索,值得借鉴。如乌鲁木齐:多方面扶持小摊贩,夜市的门槛放得很低,只需向管理部门或街道委员会提出申请,就能得到批准。同时,先后出台3份文件,对早夜市的管理、卫生、环境等方面做出详细而严格的规定。重庆:规划了400多个马路摊区,设置摊位1万多个,主要出售一些日常小商品,解决弱势群体就业。郑州:目前正着手规划一些区域,让马路摊贩规范有序经营,解禁马路的具体方案正在形成之中。石家庄:对占道经营有限放开,划定部分小街巷允许小摊贩摆摊设点。城市道路将划分为禁设区、规范区,分级管理占道经营。在不影响市容环境卫生、不妨碍交通和不影响市民生活的前提下,在部分居民小区周边规范设置占道摊点,满足市民生活需求。因此,在占道经营整治工作中,要采取"疏堵结合,以疏为主"的做法,按照"以人为本、方便市民、规范管理、整洁有序"的原则,编制《宜昌市区道路摊点设置导则》,出台《宜昌市区公共区域市场管理办法》,创新摊位管理新模式。结合市情,可考虑从如下方面加强规范管理:

首先,将公共区域的设摊管理分为严禁区域和严控区域两种类型。严禁区域是指绝对禁止设置摊位的区域,包括主次干道的严管区域、重要的旅游观光道路、政府驻地、大型商场、医院等周边、学校及幼儿园门前。所谓严控区域是指在经过科学论证可以设置摊位的区域。

其次,合理设置摊位,方便民生。在严控区域内,在广泛听取居民意见并综合考虑市容、交通、环保、便民等因素的基础上,采取不同形式的摊位管理模式:(1)设置钟点市场。在城区非主干道人行道空闲处划出若干"钟点市场",在居民比较集中的地方设立全天候便民市场,拿出若干摊位专供下岗职工、返乡农民工等困难群体摆摊设点。(2)设置社区便民点。在摸底排查的基础上,对关系社会民生、方便市民群众的卖馒头、修鞋、修自行车等,社区设置一些便民点,既方便群众生活,也解决了民生。(3)合理设置季节性摊点。借鉴济南城管的"西瓜地图"思维,在社区人行道设置季节性摊位,让农民能上街推销季节性农产品。同时根据实际管理需要,在春节分类设置年货、年画市场,设立西瓜等销售临时市场。(4)建设夜宵市场。夜宵摊点占用城市道路,造成污染环境、噪音扰民、堵塞交通等问题,历来是城管的难点问题。因此,有必要按照"统一规范定点、统一作业时间、统一作业用具、统一办理证件、统一管理人员"

的要求,在不扰民、不占道、不影响行人和车辆通行的前提下,科学合理规划夜宵场地,规范夜宵摊点经营管理。

再次,加大摊位的管理力度。(1)建立摊位的登记卡制度。从事摊位经营的个人应当向街道办事处进行登记并申领摊贩登记卡。登记事项应当包括经营者的姓名、户籍所在地、居住地、经营范围、经营地点等信息。(2)建立"摊前三包"制度。城市管理与行政执法局和摊主签订"摊前三包"责任书,具体内容包括:一是包清洁,负责自己摊前及周边区域清洁整齐,即摊前应经常清扫,保持干净整洁,做到责任区内地面无烟头、纸屑、果皮、粪便、污水,无污迹,无渣土,无蚊蝇滋生地;二是包秩序,积极维护责任区的良好秩序,做到无摊外出摊,无乱堆杂物、私搭乱建、无占道经营等行为,摊前车辆按规定停放整齐,保持人行道通畅;三是包规范,确保商品码放整齐有序,做到不在摊位内扯绳、搭篷、乱挂物品、乱堆乱放杂物,保证公共设施、设备整洁完好。(3)创设教育罚单制度。对违反城管法规的行为实施首次提醒,二次告诫,三次教育处罚。

为了加强摊位的规范化管理,宜昌城管部门采用疏堵结合的方式,治理效果明显好转。在解决城市管理中流动摊贩管理难、城市环境脏乱差等问题时,只堵不疏,则水溢堤溃;只疏不堵,则成一盘散沙;"疏堵结合"才是解决之道。根据流动摊贩的不同种类和不同特点,采取"分种类管理、分区域管理、分时间管理"的"三分管理法"。宜昌高新区东山园区地处城乡接合部,周边农户为了图方便就近销售自产蔬菜,经常在正规市场附近占道经营、摆摊设点,严重影响了市容环境卫生。针对这一城市管理"顽疾",高新区采取疏堵结合的办法,一方面组织人员强化日间市场巡查,让流动摊贩无机可乘,"堵"住占道经营的口子;另一方面结合农民卖菜的实际需求,在南苑、深圳路、东山花园等专业菜市场里面开辟自产自销区域,组织流动摊贩进驻,"疏通"农民卖菜的路子。帮助200多个流动摊点在专业菜市场里"安了家"。目前,宜昌高新区已划出3000多平方米的区域为流动摊点安"新家"。下一步,高新区还将投资美化这些经营场所的环境面貌,以更加人性化的服务和管理让占道经营、流动摊点等不文明行为销声匿迹。另外,采用行之有效的管理措施,提高流动摊贩违法成本,能够更好地规范流动摊贩的无序经营。

【专题材料6-2】2013年10月25日,夷陵区城监大队市容中队开展流动摊贩专项整治行动。此次行动共清理流动摊点35余处,重点是主干街道、城区中小学门前占道经营流动摊贩。中队表示,下一步,将把城区内重点路段作为重点监查对象,坚持疏堵结合,划定专门区域,为流动摊贩的规范化管理提

第六章 宜昌城市管理的不足及完善

供条件;以宣传教育为主,做好流动摊贩的教育劝导工作;采取错时与定点相结合的方式,加大巡查力度,尤其在占道经营高发时段,重点监控,对于不服从管理的流动摊贩坚决依法查处。以确保道路交通畅顺,群众出行安全、方便。针对中小学旁的流动摊贩,城管部门采取"1对1"的方式(一名城管人员负责一个学校),对问题突出的重点学校设立执法巡查点,定时定岗,以每日学校早晨上学、中午午休、下午放学时段作为管控重点时段,采用在学校周边定岗定责固守、加大学校周边巡查力度。(《市容中队整治流动摊贩》,载《三峡日报》2013年10月26日第3版)

(2)机动车辆管理。宜昌地区现有机动车保有量近90万辆,城区机动车也逐年上升。随着机动车保有量的逐步增加,宜昌中心城区停车位严重不足,机动车乱停乱放的现象较为严重,严重影响了交通秩序与市容市貌,尤其是在节假日,交通拥堵、车位难求,甚至使城市交通陷入瘫痪状态,停车难俨然已经成为一个热门话题。纵观世界各国,特别是那些发达国家,人均汽车保有量远远高于我国,他们也同样面对着停车难所带来的问题。但这些国家的一些有益做法值得我们借鉴,举几国为例。第一,"汽车大国"美国。美国城市千方百计利用车位,尤其在新城区建立时,将严格计算停车场面积和停车位数量,做好前期规划,并经过长年累月的积累,尽可能地增加停车位;为了缓解夜间停车难的问题,采用夜间商场车位出租的方式,前提是次日清晨必须驶离;还有的市民将自己房产周边的空地做成停车位出租,客观上也缓解了停车难的问题。第二,"立体停车王国"日本。日本面积只相当于我国的二十六分之一,却拥有7800万辆汽车。日本的做法是:没车位不给上牌照,根据日本法律规定,个人或单位在买车时都必须出具拥有固定车位的证明,这种固定车位既可是自有的也可以是长期租借的,车位必须在离单位或住所500米至2000米的范围之内,否则交管部门将拒绝给新车上牌照。日本的法律还对建筑规划做了规定,如城市中心地区每250平方米建筑面积配1个车位,一般地区为每200平方米配1个车位。另外,日本政府为了解决停车难问题,重视鼓励引导私营停车场建设,对营业性停车场减免税。在一些特别繁华和拥挤的路段,日本政府积极倡导"小而分散"的原则,不主张停车场的"扎堆"设立,特别是鼓励经营者多建立体停车场,因此在日本,有的停车场只有两三个车位。另外,为了将路边的潜在停车位利用好,日本各城市均在道路较宽、车流量较小的路段设置了临时性的收费停车位。白天在这些车位停车,最长不能超过一个小时。但是一旦到了晚上,这些停车位则全部免费向车主开放。例如,东京大部分路边停车位都是晚 7 时至翌日早晨 7 时为免费时间段。第三,"打时间差停车"的英国。在伦敦老区,道路以狭窄闻名于世,所以伦敦人偏好小尺寸的车子。另外,一些双车道马路上,在路中间黄线两侧,画有斜向来车方向的停车线,并标有可停车时间限制。平时这个车道就是普通的行车道,和其他道路无异,而到了晚上规定时间内,这些停车格就停满了各式家用车辆,只留路边靠建筑物一侧的道路供车辆通行,但早上必须按时散去,从而恢复为快车道。第四,"圈地停车"的俄罗斯。在俄罗斯普通的居民小区中,居民往往自己购买简易铝合金车房"圈"一块自己的停车位,甚至有人用来出租。对停车难问题,莫斯科市增加了停车位、对乱停车现象加以重罚并安装了停车咪表。除主干道以外,在旧式街道小区中,街边停车都是免费的,设立在莫斯科的大型超市和商场,也都附带免费的停车区域让客人们享受实惠,只有寸土寸金的商业写字楼会附带收费的地下停车场,但一般收费也都享受 10%,甚至 20% 的物业折扣。莫斯科有些停车场也有折扣,长期停车能节省 10%~20% 的费用。

  以上国家解决停车难的方法,为我们解决城市停车难的问题提供了一些新的思路。多措并举、疏堵结合,解决日益严重的停车难问题,是解决城市管理的一件大事。自 2012 年以来,宜昌逐步实施"五个统一",即统一收费标准、统一票据、统一挂牌着装、统一标识标牌、统一培训持证上岗。完善内部制度、加强监督考核,完善道路停车场管理设施,强化文明收费服务管理,提升文明收费水平,为市民提供优质服务。新增道路停车泊位 158 个,目前中心城区道路停车泊位达到 3000 多个,泊位总量达近万余个(不含小区),日均吸纳停车 6000 台次左右,进一步缓解了"停车难",但是没有解决根本问题,"停车难"依然困扰着市民的出行。可以考虑的做法是:(1)通过拆违改建和移植绿化,增加停车泊位。对原已拆除的违法建筑,尚未作出规划安排的,先设置停车泊位,达到增加停车泊位、缓解停车难的问题。对某些绿化带可采用硬化道路、镂空式草砖、上墙上顶式植被、藤蔓式绿化等方法,既解决了绿化问题,又挖掘了停车潜力。(2)将城市单行道线逐步发展单向通行及停车。路边停车对于双向通行的道路不仅会导致交通流堵塞和道路资源的浪费,更是侵犯了交通参与者的路权和通行权。借鉴许多发达国家,发展单向交通将会有效改善目前行车难情况。同时,在单向通行且交通流较小的道路上适度发展路边停车,有利于充分利用道路资源,解决某些旧城区的临时停车问题。(3)充分利用现有的道路资源,科学合理规划路边停车。在规划停车系统时,应研究允许路边停车的定量依据,在具体标准中应考虑到不同城市区域、不同道路等级、不同

第六章 宜昌城市管理的不足及完善

道路交通状况、不同时间段的特点和停车需求,既做到保证城市道路动态交通的需要,又能够充分利用动态交通非高峰时期的城市道路资源。(4)适度向社会开放单位与小区停车位。在白天,小区有大量的停车位,而在晚上,单位则有大量的停车位,因此,利用好资源和时间差,即白天把小区位置让给附近单位停车,到了晚上则由单位让出空地给小区住户停车,完全可以实现资源互补,彼此都可以解决停车难的问题。错时停车,等于车位增一倍,是解决城市停车难的有效手段,值得大力推广。(5)制定合理的收费标准,利用经济杠杆来改善路边停车情况。路边停车时间过长的主要原因就是其收费标准过低,而路外停车场的收费相对过高,这种价格上的不合理,不利于路外停车场的良性发展。只有通过建立对长时间的路边停车,采用递进式高额收费制度,才能够有效的控制、优化路边停车,使路边停车效用得到充分发挥。

3. 多措并举,全方位整治广告。不断加大对户外广告、门头牌匾和LED电子广告牌、乱贴乱画野广告的清理整治力度。按照高标准规划、高档次设置,严把审批关和实行辖区负责、自拆与集中整治相结合等方式,严格户外广告、门头牌匾和LED电子广告牌的审批设置。对乱贴乱画野广告进行全方位治理:一是强化门前三包。要求门店、住户对乱贴乱画野广告进行全天候清刷。二是加强督导。督导公交站亭、路灯杆、供电杆和箱、通信交换箱、交通信号杆、公共报亭等市政公共设施责任单位及时清理。三是加大对违法广告的治理力度。联手电信、联通、移动等三大运营商,根据《中华人民共和国电信条例》的规定,对违法发布野广告电信业务经营者,立即停止传输,并追求其法律责任,构成犯罪的,将依法追究其刑事责任。四是建立举报奖励制度。市民提供线索或现场电话举报,经公安城管支队现场核实并抓获野广告张贴者后,给予举报人奖励。市民发现或提供制假造假窝点,并配合公安机关破案捣毁其窝点的,由市公安城管支队给予举报人重奖。五是疏堵结合,采用"转移疗法"。在"清、涂、罚、呼、停"综合治理的同时,采用"转移疗法"进行疏导,通过设置"电子信息屏"、居民区"信息发布栏",为企业、居民发布招工、求职、房屋租赁等广告信息提供了便利平台。此外,利用网络建立全市统一的网络信息分类发布平台,畅通商品信息流通渠道。

4. 继续完善城管网格化管理模式。自2011年起,宜昌市城市管理局就推进社会管理创新制定新规,城区千余网格将成为城市管理工作的前沿阵地,网格员将承担起收集、传递第一手信息的责任。这项工作实施之后,诸如防违控违、广告招牌审批等城管工作将直接在社区得到解决,而且中间环节大为减少。宜昌市城管系统积极推进数字城管建设,创建了"三心合一"、"三环运转"的城市管理监督指挥体系和"一个渠道进、一个中心派"的监督指挥模式,城市管理效率得到提升。但是,由于缺乏及时的反馈机制,城管部门在信息收集、后续管理上比较滞后,往往出现执法不及时、问题反复出现等问题。城管执法队员在进驻社区的同时,还需要与网格员加强联系,以充分发挥网格员发现城管信息的作用;部分城管部门审批事项,市民可在社区将相关资料提供给城管队员,由城管队员代办。这一模式需要在实践中继续深化,探索适合宜昌市情的运作模式。

5. 刚柔相济,注重执法效果。改变过去侧重于"以罚代管"的单纯执法观念,兼顾执法效果与社会效果。坚持"既要城市形象,又要执法形象"、"刚性管理、柔性执法"的执法理念,实现城管执法的两大改变:一是由粗暴执法转变为文明执法。强化"民生为先、换位思考、真诚服务"的执法意识,确立"完成、完好、完美"的工作标准,执法人员主动为管理对象送服务、送法律、送政策、送指导,每个城管人员带着满腔热情、深厚感情提供人性化、柔性化、理性化执法服务,做到执法"行动快、效果好、有回音",实现执法行为和执法人员形象的进一步提升。二是由执法就是处罚转变为以服务保障执法。改变过去以罚为主、以堵为主的执法方式,采取关口前移、服务在先、先疏后管的方法解决城市管理中的顽疾,最大限度地防止矛盾激化。开展"送政策、送服务"活动,执法人员发现违章问题后,提前上门服务,及时告知有关事项,变事后处罚为上门服务、事前管理、事中监督。另外,还应在主要街道设立"城管文明服务岗",备有纯净水、打气筒、座位等便民设施,进一步拉近城管与群众的距离。

(六)创新城市管理方式,探寻市场化运作模式

20世纪80年代"新公共管理"思潮兴起,推动许多西方国家进行政府改革。具体到城市管理领域,在管理理念上,坚持以宏观调控为主,微观管理为辅,树立以市民满意为导向的目标,把部分城市管理职能推向市场,以市场为主,行政和法律手段为辅,实行市场化运作;在具体实践上,城市政府主要保留宏观调控、评估、监督的职能,其他职能则通过承包、授权、委托等形式转移给企业和非营利性组织。新加坡城市管理的各类作业服务充分引入市场机制,除部分核心市政设施和公共服务由政府直接供给和管理外,其他公用设施和公共服务(包括竞争性、非排他性的准公用设施和服务),基本都实现了专业化和市场化运作。通过市场化运作机制,实现"政事分开"、"政企分开",不仅使

第六章　宜昌城市管理的不足及完善

城市政府的管理成本大大减少，同时也使市民获得了更优质的服务。应当说，现代政府都非常重视城市建设和城市管理，但由于财政实力不足，导致建设管理资金缺乏，是现代城市发展过程中的突出矛盾。宜昌虽然GDP已经突破2000亿元，但对于建设特大型城市的要求，资金缺口依然明显。

传统城市管理主要实行"政府包揽、自建自管"模式，也是一种只"管"不"营"的模式，这样的管理模式凸显出城市管理力量不足、手段单一、效率不高、管理粗放等突出问题。如果能够将可以归为市场化管理的领域交给市场，以市场为导向，以监督管理为保障，则可以转变政府职能，降低管理成本，提高管理质量，提高城市管理资金使用效率和管理水平。通过培育地方财力，变被动筹资与主动自我循环、把市场机制引入基础设施建设，多渠道筹资融资，努力解决城市建设与管理资金问题。同时，要加强市政单位的企业化管理和政府管理手段合同化、规范化，加快城市建设进程。

众所周知，城市卫生之所以难以维持整洁，除市民素质之外，更重要的是卫生管理的体制。宜昌市在城管方面早就打着"内学武汉，外学株洲"的旗号，湖南省株洲市在这一方面的做法值得借鉴。改制前，株洲市、区、镇（街），甚至园区、村（居）都有自己的环卫队伍，都分别养着一大帮环卫工人。在这样一种体制下，六七把扫把扫一条大街，却容易因为标准不一、权属不清等原因，导致街面卫生状况差而饱受诟病。部分无物管的小区以及城中村、小街小巷，时常出现垃圾成堆无人清理的现象。2008年起，株洲市启动城市管理市场化，环卫保洁、"牛皮癣"清理、市政维护、园林绿化、渣土清运等领域全面推行市场化改革。其中在环卫作业一块，株洲在当年9月就全部移交给物业公司，全市招标引进11家清洁公司。与此同时，环卫处原有人员采取竞聘上岗方式进行优化组合，对各保洁公司进行监管，从而实现财政资金从"养人"到"购买服务"的转变。在实现市场化之后，株洲市城区变得越来越干净了。

政府购买服务，其实质就是进行公共事业民营化改革。具体到城市管理领域，就是通过引入市场竞争机制，改变长期以来城市管理仍以行政手段为主的局面，逐步转向综合运用行政手段、经济手段和法律手段，形成城市管理的活力和良性循环。市场化是城市现代化管理的有效形式和发展方向。通过引入市场机制，把可以由市场做好的事情交给市场，既能够减轻政府压力，提高城市管理的效率和水平，也能够激发全社会参与城市建设管理的热情，从更深层次解决城市发展难题，实现城市增值。

要按照"管养分离"和凡是市场能解决的就都交给市场的原则，通过公开竞标方式分离养护业务,健全市场化运作机制考量标准,以经济手段和合同关系促进养护水平的提高。要按照"建管并重、以管为主、以费养事"的思路,通过对政府长期投资建设所形成的城市硬件设施及无形资产的有效经营,开辟城市管理投融资新渠道。对从市政公用设施的使用权、经营权、冠名权、广告权中取得的收益进行集中统筹,专项用于城市管理,实现"以城养城、以城兴城"。

从宜昌城市发展的实际情况来看,一方面,随着城市空间的不断扩张、市民要求的日益多元化,这对城市管理提出了更高的要求;另一方面,传统的政府自建自管模式所带来的城市管理力量不足、手段单一、效率不高、专业领域难以拓展等问题不断凸显,缺少竞争和有效监督,在很大程度上制约了城市管理水平的提高。实施市场化运作,以创新体制机制为动力,能够大大激发政府、市场、企业、社会等各方面的积极性和主动性,探索改革管护方式,实施市场化管理,全面提升文明城市管理水平。因此政府需要把有条件通过市场运作、依靠市场机制完成的事务交给市场,使城市管理中既有政府行为又有市场机制,"两只手"相互影响,相互补充,从而最大限度地提高管理效能和服务质量。应当将经营意识、经营机制和经营方式等运用到城市经济发展的各个领域,靠发挥政府在市场经济中的主导作用构建起城市发展参与机制,使区域发展中的问题由"政府解决"变为"市场解决"。城市管理是一个大的系统工程,城市管理工作要适应城市不断发展、不断扩张带来的新变化,必须向市民参与要管理、向市场化要管理、向政府职能转换要管理。

城市管理是政府的事,更是一项动员和组织全社会参与的公共事务。要以经营的手段建设城市,政府以经营为主线,出台优惠政策,采取"谁投资、谁建设、谁经营、谁受益"的原则,对城市公共产品经营领域进行全方位市场运作,变"政府管"为"市场管",变"政府投"为"市场筹",形成政府调控市场、市场引导企业、企业参与竞争的城市经营机制。

宜昌市在加大政府财政投入力度的同时,应积极探索市场化运作机制,将园林绿化工程的实施、建筑垃圾、餐厨垃圾的收集清运及杂乱小广告的清除,逐步承包给施工单位或个人,城管执法局只负责招标、监管,不负责具体实施,实现管、干分离。此举既节约资金、降低管理和执法成本,又能达到管理全天候、执法无盲区的要求。

第六章 宜昌城市管理的不足及完善

（七）探索城中村、城乡接合部环境卫生管理的长效机制

城中村、城乡接合部区域与中心城区紧密相连，是城市的重要组成部分。长期以来，由于基础设施相对落后、外来人口居住集中等原因，"脏、乱、差"几乎成了这些区域的代名词。城中村、城乡接合部一直是宜昌市环境卫生管理的一个盲点，环境卫生基本上靠突击，不能做到长效化管理，成为城市环境卫生的"死角"、"死面"。因此，开展城中村、城乡接合部区域环境卫生整治，探索建立相应的环境卫生管理长效机制已成当务之急。需要从完善制度、明确责任、确定标准等方面入手，切实做好城中村、城乡接合部的环境卫生管理工作。

一是明确工作目标，细化管理标准。按照"市区统筹、以区为主、突出重点、整体推进"的原则，开展以"清除垃圾、完善设施、拆除违建、保障长效"为重点的城中村、城乡接合部环境综合整治行动，切实改善城中村、城乡接合部面貌，提高城乡居民人居环境水平。另外，按照《国家卫生城市标准》，制定《宜昌市城中村、城乡接合部环境卫生管理标准》，实现管理的规范化。

二是改革管理体制，由市环卫部门对全市的卫生进行统管，实行一级管理，把城中村环境卫生管理工作纳入城市环境卫生管理体系，按照城区的作业标准进行清扫保洁作业。以宜昌市为例，市区环境卫生实行二级管理，市环卫处负责城区主要街道清扫保洁工作，街道办事处负责所辖村庄内卫生管理工作，彼此间无从属关系。与环卫部门的环卫专业队伍相比，城中村的清扫保洁队伍存在着队伍不稳定，没有经过专业性的训练等问题，造成了城中村、城乡接合部的卫生状况普遍较差或不稳定。如实行一级管理，由市环境部门统管全市的卫生，做到环卫设施统一规划建设，垃圾统一收运处理，道路统一清扫保洁，统一管理考核，实行标准化、制度化、规范化、专业化的管理，就一定能有效缩小城中村与城区的环境卫生差距。

三是立足客观现状，完善城中村、城乡接合部环卫基础设施配套建设。环卫基础设施配套建设是"城中村"环境卫生走向长效管理的基础。应根据"统筹规划、因地制宜、方便实用"的原则，一方面进一步加快环卫基础设施建设步伐，在城中村、城乡接合部区域增设必需的垃圾收集、清运设施（比如增加垃圾方桶数量、建设垃圾中转站等）；另一方面对现有的环卫设施进行全面整修，以保证其正常使用。经费采取市财政、街道办、村共同筹集的办法，由村具体组织实施整修，市环卫部门和街道办事处组织验收，使"城中村"的环卫设施能基本满足居民生活的需要。

四是加强宣传教育,提高卫生意识。卫生意识是促进城中村、城乡接合部环境和谐发展的保证。从人居环境持续优化的角度来看,环境卫生的提升和保持取决于居住人员的素质和意识。城中村、城乡接合部区域外来人口集中,他们大多环境卫生意识较为淡薄,乱扔垃圾、随地便溺、乱堆放、乱搭建等现象比比皆是。因此,必须把提高居住人员的素质放在重要位置。通过开展各类宣传活动、设置"卫生示范栏和曝光栏"等方式,全面普及卫生知识,加大对不良卫生行为的教育力度,使居住人员自觉养成良好的卫生习惯,将有利于城中村、城乡接合部区域环境的和谐发展。

(八)加快数字城管建设步伐,提高城市管理智能化水平

随着信息技术的发展,数字城市、智慧城市概念应运而生。[①] 城市发展的信息化和现代化,使得城市结构呈现出网络化、虚拟化的特点。城市空间结构从过去的集中圈式层式结构逐步走向分散式结构,城市居民的居住空间结构也逐渐向复合社区转变,多功能社区蓬勃兴起。这些变化给我国的城市管理带来了新的挑战,客观上要求城市管理不断创新理念,变革管理方式,全面推进数字化城市管理模式,逐步实现城市管理的人性化、精细化及智能化。

1. 美国巴尔的摩市的实践及借鉴。近年来,美国马里兰州巴尔的摩市通过实施一项名为"CitiStat"的城市绩效管理项目,为提升城市管理水平提供了有效的治理工具。最初只包括固体废料处理部门,2002年时包括了16个部门,现在已经包括了全部管理部门。在执行的初始阶段,管理部门关注的数据只是已经收集到的数据,随着CitiStat的推进,市长办公室要求管理部门收集额外的数据,以便于对社会全面考察,快速做出反应。

市政府相关部门每两周参加一次CitiStat会议。在会议前,各个部门提交给CitiStat小组过去两个星期的相关数据。CitiStat小组包括操作组和技术组,操作组负责保证数据的正确性,在收到上报的数据后,进行数据调查。随机调查案例并与前期数据进行比较,然后根据数据提出存在的问题。在这个过程中,操作组要根据上报的数据和管理部门进行沟通,若有必要,则针对

[①] 数字城市是指利用信息与通信技术,创造一系列虚拟空间,使城市实体内部系统及与系统外部能够在虚拟空间中进行信息交换,共同致力于城市及城市间政治、社会和经济的治理。智慧城市是指充分借助互联网、传感网,涉及智能楼宇、智能家居、路网监控等诸多领域,构建城市发展的智慧环境。

第六章　宜昌城市管理的不足及完善

问题把数据通报给其他相关部门,让其准备在会议上回答问题。CitiStat 技术小组负责准备会议汇报材料,把操作组提供的数据和 GIS 相结合,更新数据库材料等。

2. 北京网格化管理中的数字化城管模式。北京市东城区的万米网格管理法是以 10000 平方米为基本单位,将城市辖区划分成若干个网格单元,由城市管理监督员对所分管的万米单元实施全时段监控,同时明确各级地域责任人为所辖区域城市管理责任人,从而对管理空间进行分层、分级、分区域管理的方法,从而形成区政府、街道办事处、社区居委会和网格管理单元四个层面的治理主体,将城市管理责任到人。城市管理监督员的职责是:借助城市管理工作手册,在分管区域不间断进行巡视,当发现问题后立即用"城管通"发送图文声信息到监管中心,及时汇报情况;同时监管中心可以通过便民热线电话、"13910001000"特别服务专号以及"数字城东"网站获得来自社会公众和媒体的信息;监管中心得到这些信息后,进行甄别、立案,并将相关案件转批到城市综合管理委员会的指挥中心;指挥中心根据问题归属,立即派遣相关专业部门到现场进行处理;专业人员处理完毕之后,汇报给区属专业部门,专业部门向指挥中心汇报处理结果;指挥中心再将结果汇报给呼叫中心;呼叫中心立即派监督员进行现场核查,并收取核查结果,通过两方面信息核实一致后进行结案,至此一个完整的工作流程结束。

3. 宜昌城管数字化建设的不足及完善。虽然宜昌在城市管理方面的数字化建设取得了不小成绩,但仍然停留在几套系统的建设层面,数字化建设往往成为政府的政绩工程,应从如下方面进一步完善。(1)完善城管信息数字库。确立建设方案的同时,要完成城区基础地理数据普查、街道实景影像与数据库建设等。依托这一平台,将公共厕所、垃圾中转站、桥梁、道路、社区、农贸市场等管理对象进行统一编号,按照网格责任管理,从而实现全时段、全方位、全覆盖的数字化管理。(2)要推行"管理标准精细化",严格明确管理标准。具体包括:一是把城市管理的任务细化分解到基层单位,具体到责任人,实现管理职责的精细化;二是把城区的所有管理对象按照网格单元划分为若干个"城市部件",实现管理对象的精细化;三是提高管理标准,明确定性要求、定量要求、责任落实、工作效率等,实现管理制度的精细化。通过建立完善城市精细化管理工作标准,将管理范围覆盖到每一条大街小巷、每一处公共场所、每一项建设工程,做到"事事有人管、处处有人问、时时有人抓"。(3)要建立动态的城管信息收集机制。首先,要聘请城管信息员。引入市场化运作机制,通过招标的形式选定几家网格化城市管理信息采集公司,负责招聘和管理城管信息收集员。市城市管理局对城管信息员统一进行业务知识、工作技能、纪律作风等内容的专业培训,经考试合格后,统一着装,统一配备信息采集手持终端,对单元网格内的城市管理部件和事件进行无缝巡查,将发现问题及时上传、及时核实。此外,城管信息员还要负责城市管理简易问题的现场处理。其次,搭建城管举报平台。开通短信有奖举报子系统,市民如发现城市管理问题,可发短信举报,短信经核实后可获得一定金额的奖励。为了方便奖励,可与电信系统进行对接,直接奖励话费充值到举报人手机号码。(4)除以上硬件设施建设以外,还需要加强软件建设,如法律规范及政策引导,管理流程再造,人才建设等诸多方面。总体来看,宜昌数字化城市管理尚表现为"重平台建设、轻管理跟进,重硬件建设、轻实用效果,重新建扩建、轻资源整合"的特点。所以,必须加强数字城管的总体战略规划,确保必要的资金投入,保障系统安全可靠;必须拓展城市管理的系统架构,在新的架构下重构和整合信息平台,优化信息服务的内容,提高信息服务质量;突破传统城市管理的科层结构,突出公众的参与,从"城市管理"向"城市治理"方式转变。

(九)强化城管队伍建设,提高城管执法水平

目前,城管队伍在组建和执法过程中确实存在诸多问题。尽管各地城管部门非常重视城管队伍建设,但城管队伍的整体形象尚需进一步改善。总体而言,城管队伍正在向着法治化、规范化的方向发展,构建法治化、人性化、透明化、规范化的城管队伍,是重塑城管队伍形象、提高城管执法效能的重要举措。在城管队伍建设方面,很多地方做了有益探索,以江苏省为例:为巩固建设系统行政执法队伍规范化建设活动成果,适应依法行政新的要求,进一步规范行政执法行为,着力提高行政执法效能,引导全省建设系统行政执法队伍向更高水平发展,专门制定了《江苏省建设系统行政执法队伍规范化建设星级标准》,从组织建设、执法程序、队伍管理、执法保障等方面,对城管部门提出了规范化要求。江苏省住房和城乡建设厅也颁布了《关于在全省建设系统行政执法队伍中开展规范化建设星级单位创建活动的实施意见》。此后,省内各地城管执法部门纷纷以此为契机,展开了争创星级规范化执法队伍的活动。经过评比验收,2010年1月份共评比出三星级单位22个,两星级单位20个,一星

第六章 宜昌城市管理的不足及完善

级单位 11 个。① 为实现人性化执法、规范化执法,南京城管部门也做了非常严格的规定:南京市城管局 2002 年出台"四禁两不"规定:即严禁执法中打人、故意损坏管理相对人物品、吃拿卡要、不按程序执法;全年不出一例粗暴执法行为、不出一起打人事件。2010 年 5 月,针对白下区城管酒驾执法事件,为强化队伍管理,又出台了六条禁令:(1)严禁粗暴野蛮执法,违者予以下岗;造成严重后果的,予以开除。(2)严禁违反执法程序,暂扣物品不开暂扣单或罚款不开票据,故意损坏行政管理相对人物品的,违者予以处分;造成严重后果的,予以下岗或者开除。(3)严禁利用职务之便吃、拿、卡、要,违者予以下岗;造成严重后果的,予以辞退或开除。(4)严禁在工作时间饮酒和酒后执行公务,违者予以下岗;造成严重后果和恶劣社会影响的,予以辞退或开除。(5)严禁执法车辆无牌照或缺牌照执勤,对违规责任人予以处分;造成严重后果的,予以下岗或者开除。(6)严禁着执法工作制服参与非公务活动,包括外出就餐、娱乐、购物等,违者予以下岗;造成严重后果的,予以辞退或开除。并特别强调,城管队员违反禁令的,对所在中队分管领导、主要领导予以纪律处分。情节恶劣、后果严重的,对所在中队分管领导、主要领导将予以撤职。② 江苏省淮安市城管部门也针对执法人员,提出"十不准"的要求。即不准使用忌语和不文明用语;不准工作日白天饮酒及酒后参与执法;不准接受或替违规者说情、打招呼;不准违反服务承诺、超时限审批或许可;不准滥用自由裁量权或擅自变更处罚决定;不准违反"三先一不"规定和程序违法、用法失当;不准向行政执法对象提供可能影响执法公正的信息;不准接受执法管理对象宴请、礼品、礼金、礼券及消费性娱乐活动;不准处罚不开票、少开票或截留、私分罚没钱物;不准向执法管理对象借赊款物、推销产品、报销费用,从事或参与和职权有关的各种盈利性活动。③

近年来,宜昌市城管局坚持以打造学习型城管、锤炼城管队伍为抓手,健全学习机制,按照"四个一流"的工作要求,通过开展"城管讲坛"、"道德讲堂"等一系列活动,大大提高了队伍素质和行政效率,促进了城管系统队伍的知识

---

① 参见《2009 年度通过全省住房和城乡建设系统行政执法队伍规范化建设星级单位创建活动候选单位公示》,http://www.lygjsjc.cn/shownews.asp?id=387。
② 参见《南京城管出台"六条禁令"》,龙虎网:http://news.longhoo.net/2010-05/24/content-3184085.htm。
③ 濮加友:《淮安城管 1 号文件给执法管理人员上"紧箍咒"》,载《中国建设信息》2009 年第 4 期。

创新、体制创新、管理创新和服务创新。全市城管执法队伍率先在全省实现"五统一、三规范"的准军事化管理。即：统一队伍名称、队伍设置、服装和标识、执法证书和培训、执法文书，规范城管执法队伍、城管执法程序、城管执法行为。

宜昌城管队伍建设引起了广泛关注，社会各界对宜昌城管队伍的准军事化管理给予了广泛肯定。省政府及建设主管部门提出"外学株洲、内学宜昌"的口号。尽管已经取得了不小成绩，但必须看到队伍建设的重要性，也必须看到城管队伍尤其是执法队伍的思想状态、工作方法还有值得改进或完善的地方。如在执法的时候工作方法简单粗暴，不讲策略不讲方法，激化社会矛盾；有的值勤时着装不规范，用语不文明；有的法律意识淡薄，不按照法律程序办事等等。这些问题的存在直接关系到整个城管部门的生存和发展，必须引起同行和各个政府的高度重视。笔者认为，要从根本上改善城管执法形象，必须高度重视新形势下加强城管队伍建设的重要性和紧迫性，必须从思想源头入手，从转变执法理念上开始，内强素质，外树形象。具体地讲要从以下几个方面下功夫。

1. 强化宗旨观念。确立"公正文明、执法为民"的执法理念和"亲民、爱民、敬民、为民"的执法宗旨，倡导特别能吃苦、特别能奉献、特别能忍耐、特别能战斗的"四特"精神，持续开展"当合格执法队员、做和谐文明使者"、"创群众满意机关"等活动，全面提升城市执法人员"执法为民"的意识。

2. 完善规章制度。首先，推出"定岗位、定职责、定标准、定奖惩"的"四定"方案，依法界定执法职责，梳理执法依据，分解执法职权，确定不同岗位执法人员的具体执法责任，达到"权、责、利"相统一；其次，通过完善内部管理制度和岗位职责体系、规章制度体系、目标管理体系、考评指标体系、考评办法体系、奖惩体系六个体系建设，加大奖惩力度，落实执法责任，形成奖勤罚懒、优胜劣汰的良好环境；再次，制定文明执法标准、文明执法用语、执法忌语，完善执法人员守则和行为规范等各种律令。

3. 不断强化业务、作风建设，提高执法人员的素质。在业务建设上，突出抓好专业技能的培训和思想政治教育。通过举办行政执法培训班、座谈讨论会、岗前业务知识培训、专家授课、定期组织业务考试考核、城管法规知识竞赛等形式，进一步提高工作人员的管理水平和执法水平，使每一位城管执法人员具有"四种能力"、思想上牢固树立起"五种意识"。"四种能力"即办案能力、协调能力、合作能力、写作能力，"五种意识"即服务意识、程序意识、效率意识、创新意识、廉洁意识。

4. 强化执法监督。要打造人民满意的城管执法队伍,必须加强监督。可以考虑聘请行风监督员,实行社会监督员制度,定期召开人大代表和政协委员座谈会、党外人士座谈会、少数民族及宗教人士座谈会,开展"城管志愿者"等活动,认真办理人大代表建议和政协提案,广泛征求意见。另外,应加强对城管执法个案监督,对于违纪违法行为应启动责任追究机制,让该承担责任的执法人员承担相应法律责任。

(十)推动公众"实质性参与",实现城市管理社会化

加强城市管理、美化城市环境、构建和谐社会,必须加快形成党委领导、政府负责、社会协同、公众参与、法治保障的社会管理体制。所谓"公众参与",是指公众在公共事务的决策、管理、执行和监督过程中拥有知情权、话语权、行动权等参与性权利,能够自由地表达自己的立场、意见和建议,能够合法地采取旨在维护个人切身利益和社会公共利益的行动。公众参与包括政治参与、立法参与、行政参与、司法参与等多种参与形式。城市管理涉及面广、工作繁杂,离不开社会的支撑,因此必须制定合理的公众参与制度,明确公众参与的程序、公众参与的实施办法,对公众参与的项目进行分类,并根据不同情况确定公众参与的程度。公众参与应涉及较大范围公众利益的城市管理具体工作、城市管理日常工作,包括城管执法、市政设施维修、绿化养护、环卫设施、内河整治、污水处理、供水服务、供气安全等。在公众参与方面,有些国家的做法值得借鉴,以下以美国和新加坡为例:

(1)美国城市管理中的公众参与。作为法治发达国家的代表,美国的公民社会极其发达,公众参与具有良好的社会基础和制度保障。美国政府非常注重调动利益相关者参与城市管理,并通过制度确定下来。常见的方式有议员和政府官员走访市民、公共舆论、听证会等。在这些方式中,最惯常的方式就是通过听证会来收集利益相关者的意见或建议。政府在需要做决策时,把各利益相关者和专家召集起来,通过听证充分辩论和论证,然后通过听证笔录做出决策。这样做的好处是让各方充分阐述理由,充分发挥民主,避免决策缺乏可行性和公证度。同时,广泛参与提高了决策的透明度,有利于社会监督。在美国,城市政府建立了一整套机制,调动利益相关者全过程参与城市管理。被列为市政府或市议会的议题,从形式上看是由政府官员或市议员决定的,实际上他们只是利益相关者的代言人。美国公众不仅参与城市管理的决策过程,

影响决策的作出,甚至还参与决策的实施并参与监督。

(2)新加坡城市管理中的公众参与。新加坡政府在治理城市和进行有效的社会管理方面积累了丰富的经验,是世界上发动群众、利用群众的典范。它把政府的意志巧妙地利用基层组织灌输到社会、市民中去,形成政府的凝聚力和向心力,形成强大的国家意志、国家精神。除了政府管理的主体作用和法律保障之外,新加坡城市管理最具特色的一点就是社会和公民角色的确立,并使其成为城市规划建设管理的重要基础。基层组织是新加坡国家政权的基础,它起到了沟通政府和国民的桥梁作用。新加坡的基层组织,主要有公民咨询委员会、人民协会、社区发展理事会和居民委员会。在新加坡的基层组织中最具权威的是全国29个选区都设立的公民咨询公众参与的主要内容:一是参与标准制定,城市管理部门制定相关标准时,须听取公众意见和建议,标准出台后,向社会公示,接受群众监督。二是参与监督活动,组织成立公众监督队伍,参与城市管理日常工作监督。三是参与维护活动,城市管理部门建立与公众共管、联管、协管的互动机制,组织群众志愿者担任信息员、劝导员、监督员、参谋员、宣传员,参与公共设施和环境卫生等日常维护活动。四是参与检查活动,城市管理部门组织公众志愿者、公众监督员,参与各项检查活动,并把公众组织的检查意见,作为评比考核的重要参考依据。

在"人民城市人民建,人民城市人民管"理念的指引下,宜昌的城市管理部门引入了参与机制,如开通城管热线、聘请市容监督员、进行城市满意度调查,建立社区城管联络站、探索城管网格化管理模式等,使城市管理逐步从封闭走向开放。但总体而言,尚处在"被动式参与多、主动式参与少;非制度化参与多、制度化参与少"的阶段。公众参与是构建服务型政府、服务型城管和人民满意城管的内在要求,是公众对公共政策施加影响的重要手段,有利于促进政府职能转变,使城市管理由传统的自上而下的行政模式向上下互动的公众与政府合作的模式转换。公众参与还有利于政府、城管部门的决策者找到公众偏好,使决策更加符合公共利益,提升决策的科学性及民主性。提升公众在城市管理过程中的参与度。笔者认为,主要应从如下方面进一步完善。

首先,树立市民的"城市主人"意识,形成公众参与共识。城市管理要以公众的满意度为导向,创新多种多样的公众参与形式,如通过直接听取市民意见,对市民在城市管理方面的感受和意见建议进行全面系统的抽样调查,对市民反映的问题进行实时跟踪采访,还可以建立对市民全方位开放的城市管理网站、社区意愿访谈、构建公众建言管理协调机构等,让市民广泛深入地参与

第六章　宜昌城市管理的不足及完善

城市管理的各个环节,激发市民参与城市管理的热情,改变公众被动接受管理的消极观望态度,摒弃将市民排斥在城市管理之外的专断作风,从而在制度上保障市民能真正地以"城市主人"的身份参与城市管理。努力提升公众参与意识,提高公众参与能力。让公众不断参与、参与经历的不断积累会增强公众有效参与城市管理的能力。

其次,广开参与渠道,搭建公众参与平台。政府应该通过多种渠道开设城市管理专题,让公众变被动参与为主动参与。第一,政府应注重对民意的回应,使社会公众能够感觉来自政府的尊重,增强主人翁意识及使命感。第二,要提升公众参与技能、经验及知识,可以借助新闻媒体、宣传橱窗、政府及城管部门网站、现场咨询会等方式为市民普及城市管理知识。宜昌城市管理局网站上虽有"公众参与"栏目,但这一栏目里没有任何信息,成为摆设。第三,积极发挥社区功能,使城市管理向"城市治理"理念转变,推进政府管理部门与基层群众性自治组织达成城市管理共识,推进双方合作。第四,要加强制度保障。2009年,宁波市北仑区推出了《北仑区推进宜居城区建设,构建公众参与城市管理机制 2009—2011 年工作方案》,明确要"构建政府部门联动与市民参与的双向机制,建立保障市民参与城市管理事务的知情权、决策权、监督权,建立政府官员、专家学者、市民代表组成的城市管理咨询架构,充分运用媒体,借助舆论力量,广开言路,广聚民智,集思广益,群策群力,保证城市管理符合社情民意和城市发展的需要",建议在市级层面上进一步健全和完善相关法规,逐步建立起公众建议制度、公示制度、听证制度、咨询制度等各项制度。此外,可以借鉴新加坡等国家城市管理的先进经验,在市政府城管部门主导下组建"公众参与委员会",从而对城市管理资源进行有效整合。

再次,加大政府信息公开,提高公众对城市管理法律法规及政策的知晓度。公民作为城市的主人,他们对于城市治理的热情能够促进城市治理进程。可是光有热情和公民意识是不够的,政府应该扩大公民参与的管道,尤其是在城市管理的重大问题上,应该进行公众听证,实行信息公开。城管部门应加大电子政务建设,大力拓展信息公开渠道,及时公布城市管理方面的信息,公开城市管理过程中重大决策的制定、执行。2007 年由国务院通过的《中华人民共和国政府信息公开条例》从基本原则、公开的范围、公开的方式和程序、监督和保障等方面进行了明确的规定,并确立了"公开为原则,不公开为例外"的基本要求。按照"统筹规划、资源共享、面向公众、保障安全"的要求,在加强电子政务建设的同时,构建网上信息公开平台,并及时更新相关信息,使社会公众能够方便快捷地查询相关信息,扩大参与渠道。

最后,完善公众参与的组织建设,使参与走向有序化和规范化。随着社会的发展,"第三种力量"正在悄然成长,即非政府组织和公民社会的发展正方兴未艾。西方国家大到国家治理、小至城市治理,都离不开社会公共组织(非政府组织)的有效参与。"发展非政府组织,重要的是营造非政府组织健康发展的有利的外部环境,政府在通过健全法律体系和加强政策鼓励,为非政府组织创造足够的发展空间的同时,要通过发挥资金支持方面的作用,直接扶持和培育非政府组织。"①这样的有益之处在于:通过培育社会组织,将城市管理重心下移,构建以社区为中心的城市管理体制,可以聚集公民力量,形成治理合力,增强共同行动的能力。为此,政府应给予社区组织适当的经费支持,加强对社区组织成员和志愿者团体的教育与培训,提高参与的效力。

总之,必须充分发挥市场的基础性作用,以公民社会的成长壮大为依托,建立政府、市场与社会的互助协商的伙伴关系,建立起城市治理的网络,在城市政府的主导下,多元主体共同治理城市的公共事务,从而实现城市的可持续发展。

---

① 钱振明:《基于可持续发展的中国城市治理体系:理论阐释与行动分析》,载《城市治理》2008年第3期。

附 相关专题材料

【材料 1-3】宜昌市城市管理局 2012 年责任白皮书工作任务目标一览表

工作任务	目标及下半年进度安排	责任部门
做好全国社会管理创新综合试点工作,强化城区网格化和数字化管理	目标:初步实现数字化城市管理。 进度:10 月份完成城市部件信息系统建设,并同步研发数字城管业务运用系统。12 月底前试行数字化城市管理。	城市管理监督指挥中心 宜昌市城市管理局直属各单位
控制和治理违章建筑	目标:计划全年拆除违章建筑 6 万平方米。 进度:上半年已拆违 5.6 万余平方米,完成年度拆违总量的 94%。下半年进一步保持良好的防控拆违势头,计划开展 7 次拆违综合整治行动。	执法科 宜昌市城监支队
城区户外广告综合整治	目标:基本完成城区户外广告综合整治。 进度:对城区大型户外广告牌进行了全面摸排和调查,整治前城区共有大型户外广告牌 754 块,整治截至 7 月 15 日剩余 62 块。计划于 10 月 1 日前将剩余 62 块大型户外广告牌全部拆除完毕。	广告科 宜昌市城监支队、各区建管局

续表

工作任务	目标及下半年进度安排	责任部门
滨江公园大公桥(腊梅园)景观	目标:年内启动。 进度:8月底前完成方案汇报、修改及可研报告编制,并上报市发改委,9月10日前争取完成市发改委对该工程可研报告及扩建设计的批复,10月底前完成市财政局对资金的评审和批复,11月委托招标代理公司对该工程进行招标代理,争取12月底前启动建设。	园林科 宜昌市滨江公园管理处
李家湖内涝排水改造	目标:缓解片区100多户居民内涝问题。 进度:项目前期基本完成,力争2012年8月底前完工。	市政科 宜昌市市政设施维修管理处
黄家湾垃圾处理场封场	目标:完成项目前期工作。 进度:8月底前完成项目建议书、可研及环评报告编制,12月底前完成2013年中央预算资金申报。	环卫科 宜昌市固废公司
垃圾焚烧发电厂	目标:完成项目前期工作。 进度:已初步完成选址。与建设方成立专班,拟定BOT协议,并对协议不断完善,计划12月底前完成BOT协议。	环卫科 宜昌市固废公司
建筑垃圾处置	目标:完成项目前期工作。 进度:9月底前完成项目建议书,12月底前完成项目建议书、可研及环评报告编制。	环卫科 宜昌市环卫处

续表

工作任务	目标及下半年进度安排	责任部门
城区生活垃圾分类收集体系及垃圾分类收集设备建设	目标:完成项目前期工作。 进度:8月启动垃圾分类收集试点,12月底前完成项目建议书、可研及环评报告编制。	环卫科 宜昌市环卫处
餐厨垃圾处理	目标:完成项目前期工作。 进度:已确立项目建设方式为BOT招标,并完成规划选址。12月底前完成BOT项目法人招标。	环卫科 宜昌市固废公司
刘家大堰环卫停车场及修理车间	目标:年内完工。 进度:加快项目前期工作,计划10月开工,力争12月底前完工。	环卫科 宜昌市环卫处
王家湾垃圾转运站	目标:年内具备开工条件。 进度:正在办理规划选址、用地等工作,9月底前完成可研及审批工作,力争12月底前完成前期工作,具备开工条件。	环卫科 宜昌市环卫处
双城路垃圾转运站	目标:完成项目前期工作。 进度:12月底前完成规划选址。	环卫科 宜昌市环卫处
体育场路垃圾中转站	目标:完成项目前期工作。 进度:9月底前完成规划选址,12月底前完成土地审批、可研工作。	环卫科 宜昌市环卫处

续表

工作任务	目标及下半年进度安排	责任部门
城区道路停车管理	目标：进一步规范城区道路停车管理。 进度：进一步加强城区道路停车场维护管理与协管员思想素质、业务素质教育，全面提高道路停车场管理水平。	市政科 宜昌市城区道路机动车停车管理中心
行政审批及电子政务	目标：进一步减少行政审批事项，规范审批流程，加强电子政务建设 进度：7月开始运用电子政务平台，全面推行网上审批，网上办公和电子监察，推行执法流程网上管理。审批事项减少4项，新的审批流程已运行。	行政审批科 宜昌市城市管理局直属相关单位

【材料1-4】宜昌市城市管理局关于健全责任体系强化治庸问责的实施方案（宜市城管党〔2012〕8号）

为进一步建立健全城管系统机关效能建设长效机制，激励和引导城管系统全体干部职工奋发有为、务实创新、干事创业，全力推进城市管理科学发展跨越式发展，加快省域副中心城市建设步伐，根据中共宜昌市委、宜昌市人民政府《关于健全责任体系强化治庸问责的意见》（宜发〔2011〕16号），结合城市管理工作实际，现就健全责任体系、强化治庸问责工作制定如下实施方案。

一、指导思想

以邓小平理论和"三个代表"重要思想为指导，深入贯彻落实科学发展观，坚持从严治党、从严治政的方针，认真落实省委常委会决议和省委省政府宜昌办公会精神，加强学习教育，推进制度创新，健全责任体系，强化责任追究。进一步激发城管系统全体干部职工的主动性、积极性和创造性，提升素质和能力，着力构建有利于科学发展跨越式发展的体制机制，为省域副中心城市建设创造更优环境、提供坚强保证。

二、工作目标

通过开展治庸问责工作,着力解决干部职工中存在的不作为、慢作为、乱作为和"精神之庸、能力之庸、责任之庸"等突出问题,达到统一思想、转变作风、振奋精神、提升能力、创造业绩、提升工作的目标。

治庸提能。整治干部职工中存在的工作标准不高、能力不强、安于现状、墨守成规、得过且过、碌碌无为等问题,切实提高干部职工执行政策、做好工作的能力。

治懒提效。整治干部职工中存在的精神不振、暮气沉沉、拈轻怕重、不愿担当、责任意识不强、服务意识不浓等突出问题,激发干部职工工作热情和敬业激情,增强工作主动性和创造性,切实提高工作效能。

治散提神。整治干部职工中存在的心浮气躁、自由散漫、有令不行、有禁不止、推诿扯皮、敷衍塞责等突出问题,切实把广大干部职工的思想和精力集中到做好本职工作上来,树立创先争优、蓬勃向上、积极进取的良好风气。

治软提劲。整治班子成员精神懈怠、不思进取、执行力不强等突出问题,形成奋发有为、敢于担当、敢抓敢管、真抓真管的良好局面。

三、实施范围

宜昌市城市管理局机关工作人员(以下简称"机关工作人员"),重点是领导班子和领导干部。具有公共管理职能的事业单位的工作人员参照执行。

四、方法步骤

坚持把思想教育、自查整改、责任追究、完善机制贯穿始终,采取集中检查、明察暗访、群众举报、公开承诺、媒体曝光等方式,着力解决干部职工中存在的"精神之庸、能力之庸、责任之庸"等"慵懒散软"方面的突出问题。

(一)成立领导小组及办公室。局机关及局属各单位要迅速进行治庸问责工作部署,充分认识健全责任体系强化治庸问责的重要意义、指导思想、基本原则。局机关及局属各单位要成立治庸问责领导小组及办公室,统筹协调各项治庸问责工作,确保治庸问责工作取得实效。

(二)制定治庸问责工作方案。各单位要结合自身工作实际,研究制定具有可操作性的工作方案,突出治庸问责工作重点。各单位于2月10日前将治庸问责工作方案报局治庸问责工作领导小组办公室。

(三)深入开展治庸问责学习教育。局党组要组织治庸问责工作理论学习中心组专题学习,进一步研究推进治庸问责工作具体措施。局属各单位也要安排时间进行专题学习,对党员干部职工进行多形式、多层次地深入开展治庸问责学习教育,切实增强广大机关工作人员责任感和使命感,增强宗旨意识、责任意识、效能意识,不断激发服务科学发展跨越式发展的主动性、积极性和创造性。

(四)开展自查自纠。局属各单位、机关各科室要认真查找在作风和效能方面存在的"慵懒散软"的问题,重点查找在体制机制上制约城市管理科学发展跨越式发展的突出问题,在落实市委、市政府和局党组决策部署和重点工作中存在的突出问题。对查找出来的问题要进行深刻剖析,分析问题产生的原因,认真制定整改措施,明确整改时限,形成专题整改报告。整改措施和整改结果要在一定范围内公开,接受群众和干部监督。

(五)建立健全责任制度体系。一是推行《责任白皮书》和全员岗位责任制。每年年初,局属各单位、机关各科室要在年度目标管理责任书基础上,将岗位职责、上年度工作目标及完成情况、本年度工作目标及工作任务以《责任白皮书》形式,通过"宜昌城管网"等媒体向社会公开。将《责任白皮书》作为目标管理综合考评和问责依据。局机关及局属各单位要建立主题明确、责任清晰、任务具体、要求严明的全员岗位责任制,把每一项工作落实到岗位,落实到个人。二要进一步明确局机关各科室及局属各单位每一个职位的工作职责、工作权限、工作标准、责任追究等相关内容,将其作为职工的考核、评比、选拔、任用的基本依据。三要按照市委、市政府"1+N"问责制度框架和《宜昌市直机关"庸、懒、散、软"行为问责暂行办法》,认真制定《宜昌市城区户外广告和招牌设置管理责任追究办法》、《宜昌市关于城区环境卫生管理的责任追究暂行办法》、《宜昌市城市管理局领导干部及其工作人员责任追究暂行办法》等专项治庸问责办法,逐步形成"1+N"问责制度框架,形成强有力的工作推进机制。四要适时全流程责任管理。局属各单位、机关各科室要按照职责明确、奖惩分明、管理规范、机制完善的要求,突出"职责、目标、监督、评估、问责"五个重点环节,进一步完善目标管理制度、监督考核制度、责任追究制度,形成从责任设定到职责履行、责任监督、责任考核、责任追究的完善制度体系,实现对各单位各科室各岗位和各项工作全流程责任管理。五要进一步完善目标管理综合考评、领导班子和领导干部考评等制度,做到各项制度有机衔接、协调统一。

(六)全面实施责任追究。局治庸问责工作领导小组办公室将按照受理、启动、调查、处理、反馈、申诉复核等程序对局机关及局属各单位发现并核实的"慵懒散软"等突出问题视其情节轻重和影响程度,进行诫勉谈话、通报批评、责令公开道歉、停职检查、调整岗位、引咎辞职、责令辞职、免职等责任追究。受到责任追究处理的责任人,取消当年年度考核评优和评选各类先进的资格。

五、工作要求

(一)提高认识,加强领导。成立市城市管理局治庸问责工作领导小组,由局党组书记、局长张毅任组长,常务副局长、纪检组长、分管机关的副局长任副组长,机关党委、人事科、监察室等科室负责人为成员。治庸问责工作领导小组负责健全责任体系强化治庸问责的有关制度建设、组织实施和重要工作的综合协调。领导小组下设办公室,办公室设在局纪检监察室,由周红兵兼任办公室主任,负责领导小组日常工作。局属各单位也要成立相应的工作协调机构,明确负责此项工作的内设机构和工作人员,确保治庸问责工作取得实效。

(二)精心组织,统筹推进。局属各单位要根据本《方案》要求,结合实际制定切实可行的具体措施,并定期报送有关执行情况。局人事科要做好推行《责任白皮书》和岗位责任制相关工作,纪检组、监察室要进一步完善责任追究工作具体实施办法,规范制度运行。要及时跟踪和研究解决工作中出现的新情况、新问题,不断推进健全责任体系强化治庸问责工作的科学化、规范化。

(三)广泛宣传,营造氛围。要坚持面向基层、面向群众,开门治庸问责,主动接受监督。坚持把群众是否满意作为衡量治庸问责工作成效的重要标准,充分发挥群众及社会舆论的监督作用。加大新闻宣传力度,及时宣传在城市管理体制机制改革、优化发展环境、转变工作作风、服务基层群众方面表现突出的先进典型,同时,要勇于接受新闻媒体监督,增强自我约束意识,展示城管行业风采,营造治庸问责的浓厚氛围。

(四)加强监督,严格问责。局治庸问责工作领导小组及其办公室要采取多种形式,切实加强督促检查,对领导不得力、措施不到位、责任不落实的部门和单位,要予以通报批评,并追究相关领导的责任。局属各单位以及《宜昌市城区户外广告和招牌设置管理责任追究办法》、《宜昌市关于城区环境卫生管理的责任追究暂行办法》两项专项问责办法涉及的科室每半年要向局治庸问责领导小组及办公室报告一次工作情况,每年底要向局治庸问责工作领导小组及办公室报告年度治庸问责开展情况,并将治庸问责工作开展情况纳入领导班子和领导干部实绩考核的重要内容,纳入党风廉政建设考核的重要内容。

【材料2-1】宜昌市数字化城市管理事件指挥手册(试行)

大类代码	大类名称	小类代码	小类名称	处置单位	管辖范围	立案标准	处置时限	结案标准
01	市容环境	01	私搭乱建	区城管局	各区所辖区域	发现正在备料有私搭乱建的苗头	0.5工作日	现场进行核查书面告知
						违法建设正在进行	10工作日	拆除
						违法建筑物、构筑物或其他设施已建成	120工作日	拆除
		02	暴露垃圾	区城管局	各区所辖区域	随意倾倒、抛撒或堆放生活垃圾、乱泼污水影响市容	2小时	查处
				区住建局	区管公园、广场	道路及两侧、公园、广场等公共区域存在生活垃圾	1小时	清除
				市园林局	市管公园			
				区住建局	物业小区	小区内存在生活垃圾	4小时	清除
				市土地储备中心等	按照储备地块权属划分	河堤坡岸、储备地块、铁路沿线、城乡接合部、进出城通道、行政区划边界等区域存在生活垃圾,及在上述区域内垦荒种菜	2工作日	清除
				区城管局	各区所辖区域			

续表

大类代码	大类名称	小类代码	小类名称	处置单位	管辖范围	立案标准	处置时限	结案标准
01	市容环境	03	积存垃圾渣土	区城管局	各区所辖区域	随意倾倒、抛撒或者堆放建筑垃圾	2小时	查处
						道路及两侧、公共区域成堆建筑渣土	2小时	清除
						居民区成堆建筑渣土	2工作日	
						河堤坡岸、铁路沿线、城乡接合部、进出城通道、行政区划边界等区域成堆建筑渣土	5工作日	
				区住建局	区管公园、广场	公园、广场成堆建筑渣土	2小时	清除
				市园林局	市管公园			
		04	道路不洁	区城管局	各区所辖区域	积灰、油渍、油漆及其他污染物	4小时	清除
				区住建局	区管公园、广场			
				市园林局	市管公园			
		05	水域不洁	市航道局	长江	水面明显漂浮垃圾	2工作日	清除
				供电公司	运河			
		06	绿地脏乱	市园林局	市管公园	绿化带、绿地、花箱花架花钵等里面存在垃圾	2小时	清除
				区住建局区城管	各区所辖区域			
		07	废弃车辆	市公安交警支队	按职责划分	占道停放无人使用的车辆	2工作日	清除
		08	废弃家具设备	区城管局	各区所辖区域	在公共场所堆放的废弃家具、设备	1工作日	清除
		09	非装饰性树挂	区城管局	各区所辖区域	在树干上牵挂非装饰性物品	1小时	清除

附 相关专题材料

续表

大类代码	大类名称	小类代码	小类名称	处置单位	管辖范围	立案标准	处置时限	结案标准
01	市容环境	10	道路破损	区城管局	各区所辖区域	A、B级道路损坏、塌陷、坑洼等	1工作日	围护并开工
						C级道路损坏、塌陷、坑洼等	2工作日	
						侧石破损、缺失、倾斜等	1工作日	维修、更换
		11	河堤破损	市水利水电局、供电公司等	按照管理权属划分	护坡及配套设施破损、塌陷、倾斜，存在安全隐患或有碍市容观瞻	2小时	设置警示标志
							3工作日	修复
				市园林局	滨江公园内护栏	护栏发生破损、塌陷、倾斜，存在安全隐患或有碍市容观瞻	2小时	设置警示标志
							3工作日	修复
		12	道路遗撒	区城管局	各区所辖区域	渣土运输车辆无证、违证上路运输；带泥上路、不密闭；散体物料运输车辆在运输过程中发生遗撒现象	1小时	制止、查处
		13	建筑物外面不洁	区城管局	各区所辖区域	临街建筑立面存在油渍、污迹等脏乱现象	2工作日	清洁干净
						违规安装防盗网、外墙面私接落水管等设施影响市容	3工作日	制止、查处
		14	建筑物外面不洁	区住建局	各区所辖区域	外墙面及附属设施损坏	3工作日	修复
		15	水域秩序问题	市农业局	各区所辖区域	公共水域内毒鱼、炸鱼、电鱼及在非指定水域钓鱼	4小时	取缔、制止
		16	焚烧垃圾、树叶、冥纸	区城管局	各区所辖区域	在公共场所焚烧垃圾、树叶、冥纸等	2小时	制止、查处
		17	油烟污染	区城管局	各区所辖区域	餐饮业油烟影响环境和居民生活	1工作日	下达整改通知
		18	动物尸体清理	市农业局	按照职责划分	在公共场所发现的动物尸体	4小时	清理
		19	擅自饲养家禽家畜	区城管局	各区所辖区域	违反相关法规擅自饲养家禽家畜	1工作日	督促整改
		20	其他市容环境问题	责任单位	按照职责划分	未列入上述内容的影响市容环境问题	视情而定	视情而定

续表

大类代码	大类名称	小类代码	小类名称	处置单位	管辖范围	立案标准	处置时限	结案标准
02	宣传广告	01	非法小广告	区城管局	各区所辖区域	公共场所内、公共设施上非法张贴、喷涂、手写各类广告及其他乱涂乱画现象	4小时	清除、查处
		02	违章广告牌匾	区城管局	各区所辖区域	擅自张贴悬挂经营性标语、条幅、布幅、空飘等；违规设置、安装广告牌	一般情况4小时；固定类7工作日	查处、清除
		03	占道广告牌	区城管局	各区所辖区域	违章占道设置广告牌、灯箱、充气模型和拱门等	4小时	查处、清除
		04	街头散发广告	区城管局	各区所辖区域	在室外公共场所散发广告的现象	4小时	查处、制止
		05	门头、招牌破损	区城管局	各区所辖区域	门头广告、招牌破损、临时性标语宣传品损毁、广告牌倾斜等	2工作日	修复、清除
03	施工管理	01	施工扰民	区城管局	各区所辖区域	施工噪音影响居民生活	1工作日	制止
				市环保局	按照职责划分	施工场地灯光影响居民生活	1工作日	制止
		02	工地扬尘	市环保局	按照职责划分	施工过程中或者施工堆料未采取有效防尘措施造成扬尘现象	4小时	制止
		03	施工废弃料	区城管局	各区所辖区域	在公共场所未按规定时间和地点堆放的建筑垃圾、工程渣土的现象	1工作日	责令有序堆放或清除
		04	占用、损坏城市道路	区城管局	各区所辖区域	占用城市道路期满或者挖掘城市道路后，不及时清理现场的	1工作日	规范清除
						施工过程中未经审批擅自占道的现象；在城市道路上搅拌物料	4小时	制止
						工程施工、机动车擅自在人行道上行驶等造成路面损坏的	4小时	制止、依法行政处罚
		05	无证掘路	区城管局	各区所辖区域	无证、违证掘路	2小时	停工、补办手续或修复、依法行政处罚
		06	其他施工管理问题	责任单位	按照职责划分	未列入上述内容的施工管理问题	视情而定	视情而定

续表

大类代码	大类名称	小类代码	小类名称	处置单位	管辖范围	立案标准	处置时限	结案标准
04	突发事件	01	道路塌陷损坏	区城管局	各区所辖区域	路面坍塌、凹陷等影响正常通行	0.5小时	到场采取安全措施
		02	自来水管破裂	三峡水务等供水企业	按照服务范围划分	自来水管破裂导致的跑、冒、滴、漏和路面溢水现象	1小时	围护、紧急修复
							3工作日	修复并恢复路面
		03	燃气管道破裂	中国燃气	按照服务范围划分	燃气管道、阀门等破损导致的燃气泄漏现象	0.5小时内	围护、紧急修复
							3工作日	修复并恢复路面
		04	下水道、化粪池堵塞或破损	区城管局各权属单位	各区所辖区域	主次干道排水不畅、污水外溢等现象	2小时	疏通
						生活区内排水不畅、污水、粪水外溢等现象	1工作日	疏通
						排水不畅、污水外溢等现象，需采取工程型措施的	3工作日	疏通并修复
		05	热力管道破裂	安能热电	按照服务范围划分	热气、热水输送管道破损引起蒸汽或者热水外溢	0.5小时	围护、紧急修复
							3工作日	修复并恢复路面
		06	道路积水	区城管局	各区所辖区域	道路（桥涵）大面积积水，影响通行的现象	0.5小时	到场采取安全防护、抽排措施
		07	道路积雪结冰	市应急办启动应急机制、区城管局	各区所辖区域	指道路大面积积雪结冰，影响通行的现象	1小时	到场采取安全防护、清除措施
		08	架空线缆损坏	市公安局、供电公司、移动联通通信、电信楚天数字等	按权属划分	在道路、小区和其他室外公共空间架空的线缆，破损、下坠，危害公共安全现象	电力线缆0.5小时	修复
							通信线缆2小时	
							采取工程型措施的3工作日	

续表

大类代码	大类名称	小类代码	小类名称	处置单位	管辖范围	立案标准	处置时限	结案标准
04	突发事件	09	群体性事件	市信访办、市维稳办、市公安局、各相关单位	按职责划分	群体访、非法集会等现象	0.5小时接洽	制止
		10	其他突发事件	各责任部门	按职责划分	未列入上述内容的突发事件	视情而定	视情而定
05	街面秩序	01	无照经营游商	区城管局	各所辖区域	无营业执照，未经许可在城市道路、公共场所从事流动性经营行为	1小时	查处取缔
		02	流浪乞讨	市民政局	按职责划分	在城市主要道路公共场所流浪、乞讨、露宿等及物品随意堆放	1小时	取缔并消除
		03	占道废品收购	区城管局	各所辖区域	未经许可在城市道路、公共场所从事收购废品的占道行为	1工作日	取缔并消除
		04	店外经营	区城管局	各所辖区域	经营物品占道摆放，或有跨门占道经营行为	0.5小时	制止
				区城管局	各所辖区域	在城市道路、广场等公共场所清洗、维修车辆	4小时	整改
		05	机动车乱停放	市公安交警支队	按职责划分	车行道上机动车乱停	4小时	查处
				区城管局	各所辖区域	人行道上机动车乱停	4小时	
		06	非机动车乱停放	区城管局	各所辖区域	非机动车乱停乱放	4小时	查处
		07	乱堆物料	区城管局	各所辖区域	未经许可在城市道路两侧和公共场所堆放物料的现象	4小时	清除

续表

大类代码	大类名称	小类代码	小类名称	处置单位	管辖范围	立案标准	处置时限	结案标准
05	街面秩序	08	商业噪音、KTV等噪音	区城管局	各区所辖区域	未采取有效措施控制商业经营活动中使用空调器、冷却塔等设备、设施产生的噪声和经营性文化娱乐场所产生的噪声，致使其边界噪声超过国家规定的环境噪声排放标准	4小时	消除或送达责令改正决定书
				市公安局	按职责划分	在商业经营活动中使用高音广播喇叭或者采用其他发出高噪声的方法招徕顾客；在街道、广场、公园等公共场所娱乐、集会等活动使用音响器材产生过大音量的；使用家用电器、乐器开展家庭室内娱乐活动产生过大音量的；进行室内装修产生过高噪声的		
		09	黑车拉客	道路运输管理局	按职责划分	无证从事班车、包车、旅游客运 无证出租车营运拉客	4小时	取缔并依法行政处罚
		10	露天烧烤	区城管局	各区所辖区域	未经许可在露天公共场所内烧烤食物	4小时	取缔
		11	沿街晾挂	区城管局	各区所辖区域	在主要道路及公共场所的护栏、路牌、电线、电杆等设施上吊挂、晾晒物品的行为	1小时	清除
		12	非法出版物销售	市文化局	按职责划分	销售非法音像、图书等出版	4小时	取缔并依法行政处罚
		13	空调室外机低挂	区城管局	各区所辖区域	沿街店家或住户悬挂空调室外机低于标准高度威胁行人安全的	3工作日	规范整改
		14	其他街面秩序问题	各有关部门	按职责划分	未列入上述内容的影响街面秩序问题	视情而定	视情而定

续表

大类代码	大类名称	小类代码	小类名称	处置单位	管辖范围	立案标准	处置时限	结案标准
21	扩展事件	01	城管执法人员工作风	市城监支队	按职责划分	城管执法人员不文明、不规范执法等	1小时	到场制止、查处
		02	流浪犬、弃犬	区城管局	各区所辖区域	流浪犬、弃犬	4小时	抓捕
		03	损害城市绿化	区城管局	各区所辖区域	非法占用绿地、毁坏绿化植被	1工作日	立案查处
		04	卖艺、演出等行为	区城管局	各区所辖区域	在城市主要街道、公共场所从事卖艺、演出等行为	4小时	取缔消除
		05	道路遗留障碍	区城管局	各区所辖区域	道路附属设施拆除后没有将遗留下来的障碍物清除,影响通行	1工作日	清除
		06	在承重墙上开门、开窗、改变使用性能	市住建委	按职责划分	在承重墙上开门、开窗	1工作日	制止、恢复
				区城管局	各区所辖区域	住房用于经营等	2工作日	制止、恢复
		07	生活垃圾清运车辆管理	固废处置中心区城管局	各区所辖区域	车身不洁、车辆破损、未密闭、乱牵乱挂;清运后未及时清理现场	1工作日	制止、清理
		08	燃放烟花、爆竹、孔明灯	市公安局	按职责划分	在公共场所、城区禁止燃放烟花、爆竹区域擅自燃放	1小时	制止
		09	打陀螺	区城管局	各区所辖区域	未在规定场所打陀螺,影响他人安全	0.5小时	制止

【专题材料 2-2】市城市综合管理委员会关于印发《宜昌市城市综合管理委员会成员单位职责》的通知(宜市城管委〔2013〕7 号)

第一,执行类:

(1)市城市管理局。其职责为:履行城市综合管理委员会办公室职责,负责城市综合管理委员会日常事务;草拟城市综合管理年度计划,制定并实施重大城市整治方案,发现、指导、督办城市管理存在问题的落实;组织对城市综合管理委员会成员单位的考核,提出奖罚建议;组织城市综合管理调研,深入推进城市综合管理体制机制调整,完善城市综合管理体系;负责垃圾中转运输、处置,桥梁、隧道等设施运行管理,市政环卫及城管执法监督管理;完成市城市综合管理委员会交办的其他工作。

(2)市住房和城乡建设委员会。其职责为:负责建设工地文明施工管理,对建设工地围栏作业、施工现场环境卫生、施工车辆清洗设施等进行监督和规范管理;负责建(构)筑物临街外立面整治工作;负责全市供水、燃气、供热、污水处理等公用设施监管;负责查处影响建(构)筑物安全的装饰装修行为;完成市城市综合管理委员会交办的其他工作。

(3)市城市园林绿化管理局。其职责为:负责城区公园、广场、游园的公共秩序和环境卫生管理,负责绿化缺失、黄土裸露、绿地环境卫生治理工作;统筹协调全市园林绿化工作,负责园林绿化工程建设;参与城市综合管理考核工作,具体负责园林绿化方面的考核;完成市城市综合管理委员会交办的其他工作。

(4)市房产管理局。其职责为:负责组织实施全市直管公房的修缮,临街外立面清洁;负责监督物业服务企业发现、劝阻、举报小区违建和其他违反城市管理规定的行为;负责通过产权证管理和房屋租赁管理,协助城管部门开展防违控违工作;完成市城市综合管理委员会交办的其他工作。

(5)市国土资源局。其职责为:负责对违法占用农用地或未利用地、未领取建设用地批准文件等违法用地行为,依法进行巡查、制止和查处;完成市城市综合管理委员会交办的其他工作。

(6)市规划局。其职责为:加强户外广告牌(标识牌)、电力、通信及其他依附于城市道路设置的公用设施的规划控制;负责监督检查核发建设工程规划许可证后的在建项目,对监督检查过程中发现的规划违法行为提出处理意见并移交城管部门查处;为城管部门查处违建行为提供相关证据;完成市城市综合管理委员会交办的其他工作。

(7)市民政局。其职责为：负责督促有关单位规范设置地名标志和做好地名标志的日常管理维护工作；负责城区流浪乞讨人员、其他符合民政部门救助条件人员的救助工作；负责对殡葬活动的监督管理，督促殡葬用品店遵守殡葬管理法规和有关规定；完成市城市综合管理委员会交办的其他工作。

(8)市体育局。其职责为：负责城市公共体育设施的监督管理工作，保持所属的体育设施的完好；负责体育场馆等运动场所的市容环境卫生管理工作；负责协助城管部门制止不宜在公园广场和城市道路、街区开展的体育活动；完成市城市综合管理委员会交办的其他工作。

(9)市水利水电局。其职责为：负责管辖范围内河道、护岸、河堤破损修复、水域秩序治理；负责查处管辖河道范围内的违法建设行为；完成市城市综合管理委员会交办的其他工作。

(10)市民族宗教事务局。其职责为：协助配合做好市容环境整治中的涉及少数民族群众的矛盾化解工作，引导少数民族群众在城区合法经营；负责协调处理民族关系中的重大事项；完成市城市综合管理委员会交办的其他工作。

(11)市人口和计划生育委员会。其职责为：负责所属设施维护，及时清理张贴、涂写在所属设施上的广告，保持设施整洁完好；完成市城市综合管理委员会交办的其他工作。

(12)市商务局。其职责为：负责农贸市场的改造和建设；负责制定城区废旧收购市场的规范管理有关政策；完成市城市综合管理委员会交办的其他工作。

(13)市卫生局。其职责为：负责监督城区医疗机构医疗废物的处理；负责法定公共场所卫生监管，组织开展城区"除四害"等爱国卫生活动；负责所属设施维护，及时清理张贴、涂写在所属设施上的广告，保持设施整洁完好；完成市城市综合管理委员会交办的其他工作。

(14)市文化局。其职责为：负责文化市场经营秩序管理，协助城管部门对占道出售图书、音像制品等摊点进行查处；负责对职责范围内的公共场所经营性文化娱乐活动进行监管；完成市城市综合管理委员会交办的其他工作。

(15)市教育局。其职责为：负责在校学生环境卫生知识教育，组织学校开展爱护环境、美化家园的公益活动；负责配合有关职能部门开展校园周边环境综合整治工作；完成市城市综合管理委员会交办的其他工作。

(16)市环境保护局。其职责为：负责噪声、油烟等污染的监测，协助城管部门查处环境保护方面的违法行为；完成市城市综合管理委员会交办的其他

工作

(17)市旅游局。其职责为：负责全市旅游景区（点）市容环境卫生监管，加强星级旅游饭店、旅行社和旅游定点单位等企业（单位）市容环境监管；完成市城市综合管理委员会交办的其他工作。

(18)市交通运输。其职责为：负责城区营运车辆管理和路政管理工作；负责对出租车不文明行为进行教育、监督和制止，劝阻车窗抛物行为；完成市城市综合管理委员会交办的其他工作。

(19)市公安局。其职责为：负责及时处理城市管理行政执法过程中发生的治安、刑事案件，维护正常的城管执法工作；负责交通秩序整治，规范城区道路停车、鸣笛等行为，负责所属监控电子眼、公安标识杆、标识牌、交通信号指示灯、宣传牌、治安岗亭、交通护栏等各类设施维护、保洁，清理在所属设施上悬挂的经营性广告；依据《中华人民共和国治安管理处罚法》查处噪声污染、饲养动物等妨害社会管理的行为；负责查处影响消防安全的违法建设行为；完成市城市综合管理委员会交办的其他工作。

(20)市人民防空办公室。其职责为：负责监督管理防空地下室和人防相关工程设施的市容环境卫生；负责所属设施维护，及时清理张贴、涂写在人防设施上的广告，并保持设施整洁完好；完成市城市综合管理委员会交办的其他工作

(21)市邮政局。职责为：负责邮筒、邮箱等所属设施维护，及时清理张贴、涂写在所属设施上的广告，保持设施整洁完好；完成市城市综合管理委员会交办的其他工作。

(22)市广播电影电视局。其职责为：负责有线电视等所属公共设施维护，及时清理张贴、涂写在所属设施上的广告，保持设施整洁完好；负责城市综合管理报道工作，为城市综合管理提供宣传"直通车"服务；完成市城市综合管理委员会交办的其他工作。

(23)三峡日报社。其职责为：负责阅报栏、报刊亭、宣传栏等所属设施维护，及时清理张贴、涂写在所属设施上的广告，保持设施整洁完好；负责城市综合管理方面的宣传报道工作，加强舆论监督和城市综合管理公益性宣传；完成市城市综合管理委员会交办的其他工作。

(24)市工商行政管理局。其职责为：负责抓好企业和个体工商户的规范管理，协助街道社区做好对企业、个体工商户"门前三包"宣传教育；负责配合城管部门开展市容秩序集中整治行动，取缔无证经营摊点；完成市城市综合管

理委员会交办的其他工作。

(25)市食品药品监督管理局。其职责为：负责查处未取得餐饮服务许可从事餐饮服务的经营门店；负责查处违反食品管理规定，非法处置餐厨废弃物的违法行为；完成市城市综合管理委员会交办的其他工作。

(26)西陵区人民政府、伍家岗区人民政府、点军区人民政府、猇亭区人民政府、夷陵区人民政府、宜昌高新区管委会、葛洲坝城区管理建设局。其职责为：负责成立区级城市综合管理委员会，贯彻落实市委、市政府和市城管委城市综合管理工作要求，制定本辖区城市综合管理工作的思路、总体目标和具体要求；负责协调解决辖区内城市管理工作重大事项，处理城市管理的具体事务，督促检查区有关部门、街办履行城市管理工作职能，完善区对街办（乡、镇）、街办（乡、镇）对社区的考评体系，建立健全城市管理长效机制；负责对城市管理进行调查研究，及时向市委、市政府反馈信息，对城市管理工作中存在的问题提出建议和意见；加大对城市管理经费投入，加快基础设施建设和改造，加快街巷道路的提档升级，全面推进城市建设，提高城市综合管理水平；加强宣传教育，不断提高市民素质，进一步树立市民文明形象；负责辖区市容秩序、环境卫生、园林绿化、市政设施等日常管理工作，全面落实"门前三包"责任制，做好城中村和城乡接合部环境卫生整治工作；负责沿街店铺占道、乱搭乱建、乱贴乱画、乱吐乱扔、乱堆乱放、乱停乱放、噪音污染、非装饰性树挂等，以及违反相关法律擅自饲养家禽家畜及流动摊贩、集贸市场及周边环境治理工作；负责杂居小区整治和物业管理转轨工作，督促物业公司做好本区域范围内的市容环境卫生工作；负责落实属地管理，做好区域城市管理自查工作，接受市城管委的目标考核和市城管委办公室的工作指导协调，加大社区建设管理力度，拓展社区服务范围；完成市城市综合管理委员会交办的其他工作。

(27)宜昌三峡机场。其职责为：负责机场及其管理区域的市容环境卫生工作，以及机场内各类标识牌、广告牌、围栏、座椅、无障碍等各类设施维护，及时清理张贴、涂写在所属设施上的广告，保持设施整洁完好；完成市城市综合管理委员会交办的其他工作。

(28)市城市建设投资开发有限公司。其职责为：负责设置的大型广告牌、宣传牌，以及部分公汽站台、路名牌等所属设施维护，及时清理张贴、涂写在所属设施上的广告，保持设施整洁完好；负责所属建设项目盲道、残疾人设施的配套建设；完成市城市综合管理委员会交办的其他工作。

(29)宜昌公交集团有限责任公司。其职责为：负责所属车辆外观及车身广告、所属公交站台、站牌等设施的整洁完好；对乘客开展文明卫生宣传，劝阻乘客乱扔垃圾、车窗抛物等行为；完成市城市综合管理委员会交办的其他工作。

（30）宜昌交运集团股份有限公司。其职责为：负责所属车辆外观及车身广告美观整洁，保持所属设施整洁完好；对乘客开展文明卫生宣传，劝阻乘客乱扔垃圾、车窗抛物等行为；完成市城市综合管理委员会交办的其他工作。

（31）中国电信宜昌分公司、中国移动通讯宜昌分公司、中国联通宜昌分公司、湖北楚天数字电视宜昌分公司、宜昌供电公司、宜昌三峡水务有限公司、宜昌中燃城市燃气发展有限公司。其职责为：负责所属设施维护，及时清理张贴、涂写在所属设施上的广告，保持设施整洁完好；负责完成数字化城市管理事件、部件的处置任务；严格按照城市管理相关规定办证施工、文明施工，施工后及时处理现场，保质保量恢复城市道路及设施原貌，有计划地改造城区街道的各种架空管线，清除视觉污染；完成市城市综合管理委员会交办的其他工作。

第二，保障类成员单位

（32）市政府电子政务办公室。其职责为：负责统筹城市综合管理数字平台建设，提高数字化城市综合管理水平；按计划完成数字城管系统开发建设、拓展升级等工作；完成市城市综合管理委员会交办的其他工作。

（33）市精神文明建设委员会办公室。其职责为：与城市综合管理委员会办公室联合组织"门前三包"和不文明行为整治工作；将城市综合管理的相关工作纳入文明单位评选考核内容；组织文明创建活动，引导市民摒弃不良习惯，培养健康文明的生活方式，不断提高市民整体素质；完成市城市综合管理委员会交办的其他工作。

（34）市政府法制办公室。其职责为：负责政府制定的城市管理规范性文件审核和法律解释工作；负责协调解决城管行政执法中的有关问题，为城市管理提供法律援助和咨询，进一步推进城市管理相对集中行政处罚权工作；负责城市管理行政执法中的行政复议和行政执法诉讼工作；按照"缺什么，补什么"的原则，不断完善城市综合管理法制建设工作；完成市城市综合管理委员会交办的其他工作。

（35）市政府研究室。其职责为：负责市城市综合管理委员会重要文件、文稿的起草工作；负责对市城市综合管理委员会重大问题进行调查研究，提出政策性建议和咨询意见；完成市城市综合管理委员会交办的其他工作。

(36)市委机构编制委员会办公室。其职责为:负责协调市城市综合管理委员会各部门的职能配置及调整工作;统筹城市综合管理机构设置、职责配置和人员编制方案的制定与调整工作,完善管理体制;完成市城市综合管理委员会交办的其他工作。

(37)市监察局。其职责为:对市城市综合管理委员会各成员单位履职情况进行效能监察,实施责任追究;完成市城市综合管理委员会交办的其他工作。

(38)市信访局。其职责为:负责及时受理、交办、转送涉及城市管理工作的信访事项,指导有关部门妥善处理涉及城市管理工作的信访事项;完成市城市综合管理委员会交办的其他工作。

(39)市发展和改革委员会。其职责为:负责城市综合管理重点项目建设的管理和服务;完成市城市综合管理委员会交办的其他工作。

(40)市财政局。其职责为:负责设立城市综合管理奖励专项资金,由市区两级按比例出资,实行专户管理,根据市城市综合管理考核结果拨付奖金;参与城市综合管理作业标准、费用定额的调研。科学调度资金,按计划拨付对区专项转移支付资金;完成市城市综合管理委员会交办的其他工作。

(41)市人力资源和社会保障局。其职责为:落实城管执法人员和协管员的各项待遇,保证城管执法队伍的稳定;负责劳动关系协调、劳动保障监察、劳动人事争议调解仲裁、农民工工作协调,切实维护劳动关系双方合法权益,促进劳动关系和谐稳定;完成市城市综合管理委员会交办的其他工作。

【专题材料2-3】宜昌市城市管理局开展"讲文明树新风"志愿者服务活动实施方案(宜市城管创建办〔2011〕2号)

根据宜昌市精神文明建设委员会办公室《关于广泛开展"讲文明树新风"志愿者服务活动的通知》(宜市文明办〔2011〕10号)要求,结合城管工作实际,制定本方案。

一、指导思想

以邓小平理论和"三个代表"重要思想为指导,深入贯彻落实科学发展观和党的十七届五中全会精神,以庆祝建党90周年和纪念辛亥革命100周年为契机,大力弘扬奉献、友爱、互助、进步的志愿精神,推动公民文明素质和社会文明程度的提高,为创建全国文明城市,为全市经济社会发展实现新跨越,营造安全有序、整洁美观、文明和谐的城市环境。

二、主要任务及分工

今年开展"讲文明树新风"志愿者服务活动的主要任务是：组织志愿者及城管局系统广大干部职工深入到背街小巷、社区楼院、公共场所、城乡接合部、"城中村"等部位，清除卫生死角，整治"脏乱差"现象。具体任务及分工如下：

1. 开展环境卫生不文明行为劝导志愿服务。组织志愿者及城管局系统广大干部职工到重点路段、车站码头、社区等，对随地吐痰、乱扔垃圾、乱倒污水、践踏绿地、乱牵乱挂、乱贴乱画等不文明行为进行劝导。

　　责任领导：黄××

　　牵头部门及责任人：局办公室　王××

　　责任单位及责任人：城管监察支队　柴×

　　参加单位：局机关、局属各单位、城管志愿者

2. 开展野广告清除志愿服务。组织志愿者及城管局系统广大干部职工到主要街道清除"野广告"。

　　责任领导：杨××

　　牵头部门及责任人：局团委　冯×

　　责任单位及责任人：环卫处　毛××

　　参加单位：局属各单位团支部、城管志愿者

3. 开展暴露垃圾、楼道杂物清除志愿服务。组织志愿者及城管局系统广大干部职工对单位宿舍、单位办公场所、公园广场、城乡接合部主要道路，到所在地社区，清除暴露垃圾及楼道杂物。

　　责任领导：周××

　　牵头部门及责任人：局环境卫生科　刘×

　　责任单位及责任人：环卫处　毛××

　　参加单位：局机关、局属各单位、城管志愿者

4. 开展污水外溢整治志愿服务。组织志愿者及城管局系统广大干部职工对单位宿舍、单位办公场所、主要道路排水进行疏通，到所在地社区开展污水外溢志愿服务。

　　责任领导：申××

　　牵头部门及责任人：局市政设施科　向××

　　责任单位及责任人：市政维修处　刘×

　　参加单位：局机关、局属各单位、城管志愿者

5. 开展市容环境整治志愿者服务。组织志愿者及城管执法人员整治社区"脏乱差"及主要街道市容秩序。

责任领导：李大农

牵头部门及责任人：局执法监督科　王××

责任单位及责任人：城管监察支队　柴×

参加单位：局机关、局属各单位、城管志愿者

6. 开展园林绿地美化志愿者服务。组织志愿者及城管局系统广大干部职工清理绿地垃圾、死树杂草、枯枝败叶、杂物浮土，美化绿地环境。

责任领导：黄××

牵头部门及责任人：园林绿化科　李×

责任单位及责任人：各园林绿化单位　主要负责人

参加单位：局机关、局属各单位、城管志愿者

三、实施步骤

今年"讲文明树新风"志愿服务活动，从3月开始至12月结束，分三阶段实施。

第一阶段（3—4月）：制定下发活动方案，召开相关会议，对活动进行具体安排部署；对开展志愿服务范围及内容进行摸底调查，联络单位所在社区，制定相关子方案。

第二阶段（5—11月）：围绕省级文明城市复查及全国文明城市迎检，深入开展宣传教育活动和志愿服务活动。并对各项工作进行检查督办，确保各项活动落到实处。六大专项活动具体时间安排如下：

1. 开展环境卫生不文明行为劝导志愿服务。5月、10月

2. 开展野广告清除志愿服务。6月

3. 开展暴露垃圾、楼道杂物清除志愿服务。7月

4. 开展污水外溢整治志愿服务。8月

5. 开展市容环境整治志愿者服务。9月

6. 开展园林绿地美化志愿者服务。11月

第三阶段（12月）：总结活动情况，推荐一批志愿服务先进典型和志愿服务品牌上报市文明办表彰，研究长效的城市管理社会动员机制。

四、工作要求

1. 高度重视，加强领导。今年宜昌市将迎来省级文明城市复查及全国文明城市考核验收，局属各单位要以六大活动为载体，号召市民参与城市管理，养成文明行为，爱护城市环境。因此，各单位必须高度重视，切实加强组织领导，各单位主要领导要负总责，分管领导要具体抓落实。局属各单位要迅速行

动,以此为契机,切实推进文明城市创建各项工作任务达到创建标准。

2. 精心组织,加强督办。局各牵头科室要会同责任单位,制定六大专项活动的子方案,明确具体服务内容、范围、工作量、人员数量、活动具体时间及志愿者标识等。局创建办及各单位创建办要根据活动方案的部署,及时展开检查督办,确保活动取得实效。

3. 广泛宣传,营造氛围。各单位要通过各种形式,广泛宣传,加大力度培养市民文明意识。一是要告知市民正确的行为方式,突出宣传城市管理相关法律法规、标准及要求。如垃圾定时点排放、废物入箱、不践踏绿地、晾晒地点、广告发布方式等;二是要对各项志愿服务活动进行跟踪报道,带动、影响周边的市民自觉维护市容环境,自觉制止不文明行为,自觉参与城市管理工作;三是要主动与媒体衔接,充分利用全市文明创建活动的浓厚氛围,扩大城管工作的影响,树立城管品牌。

【专题材料2-4】《宜昌市城区环境卫生服务企业淘汰管理暂行规定(试行)》(宜市城管〔2011〕125号)

第一条 为提高环境卫生服务企业作业质量,培育合格市场主体,提升企业竞争力,根据有关法规,结合实际制定本暂行规定。

第二条 环境卫生服务企业淘汰管理是指按照本规定和现行环境卫生作业质量考核标准对环境卫生服务企业进行标段考核,根据年度考核结果对相应范围内得分最后一名,或者违反本规定的环境卫生服务企业的作业资格和投标资格进行淘汰的绩效管理制度。

第三条 本规定按照分级管理的原则实施。市城市管理局负责按照本规定,根据日常考核情况、新闻媒体曝光及存在严重质量缺陷等情况,对辖区环境卫生服务企业进行淘汰管理。

各区城管(建管、建设)局、葛洲坝建管局城管部及市环境卫生管理处负责按照相关考核办法及标准,在各自责任区内,对各服务企业进行考核和奖惩,每年年终进行排名,对年度排名末位的或违反相关规定的环境卫生服务企业进行淘汰。

第四条 环卫服务企业有下列情况之一的,由市城市管理局下达书面整改通知书,并从其履约保证金或承包经费中扣除500元罚金。

(一)在一个月内,同一地点出现同一严重质量问题达3次的;

(二)新闻媒体曝光2次以上(含2次),经核实为环境卫生服务企业责任的;

（三）侵害环卫工人合法权益，违反劳动用工管理规定的；

（四）发生其他违规事件的。

第五条　环卫服务企业有下列情况之一的，市城市管理局下达黄牌警示，并从其履约保证金或承包经费中扣除1000元罚金。

（一）在一年内收到两次整改通知书的；

（二）在重大活动中，因作业质量问题造成恶劣影响的；

（三）下达整改通知书后，在一个月内没有整改落实的；

（四）发生其他较严重违规事件的。

第六条　环境卫生服务企业有下列情况之一的，市城市管理局下达红牌警示，书面通知发包单位解除服务合同，同时从其履约保证金或承包经费中扣除2000元罚金。

（一）一年内累计有两张黄牌的企业。

（二）发生其他严重违规事件的。

第七条　凡下达整改通知、红黄牌警示的企业，纳入企业诚信档案记录，并向社会公开。

第八条　按照本规定淘汰的企业，在本合同期限内和下一合同期限内不得参加新合同的投标。由其作业的标段由在该标段招标时的排名第二的企业优先承包作业，依次递补。

第九条　在检查中发现违反本规定的情形，应当书面通知环境卫生服务企业，并保存检查证据。

市城市管理局对违反本规定的企业下达处罚决定，抄送各区城管（建管、建设）局、葛洲坝建管局城管部及市环境卫生管理处执行。

第十条　各区城管（建管、建设）局、葛洲坝建管局城管部及市环境卫生管理处按照本规定的处罚情况及年终排名，应当及时书面报市城市管理局。

第十一条　本规定各项处罚措施应当在服务合同中约定。未纳入服务合同的，应当与服务企业签订补充合同。凡不履行本规定的，由市城市管理局直接从各单位经费中扣除。对应当淘汰的企业未淘汰的，将不予核发《城市生活垃圾经营性清扫、收集、运输服务许可证》。

第十二条　本规定实施范围为西陵区（含宜昌开发区、葛洲坝集团城区）、伍家岗区、点军区、猇亭区、夷陵区小溪塔街办。实施对象为取得市城市管理局和夷陵区城市管理局《城市生活垃圾经营性清扫、收集、运输服务许可证》的环境卫生服务企业。

第十三条　本规定自发布之日起施行。自本规定下发之日起一月内,各区城管(建管、建设)局、葛洲坝建管局城管部及市环境卫生管理处应当将具体实施办法及考核标准报市城市管理局备案。

第十四条　本规定由市城市管理局负责解释。

【专题材料2-5】市宜昌市伍家岗区环卫处环境卫生管理处制度——环境卫生作业质量考核制度(P/YH0901-2012)

1　检验规程

1.1　检验目的

1.1.1　质检部门代表宜昌市伍家岗区市政环卫处(甲方)行使质量监管职责,负责质量监督考核、评价及质量奖罚的实施,督促指导与甲方签订承包作业协议的作业单位(乙方)规范并提高作业水平,加强和完善部门内部管理工作,实现处置及时化、管理精细化、考核标准化、环境最优化的工作目标。

1.2　检验依据

1.2.1　城区环境卫生作业质量检验依据为:《环境卫生作业质量考核制度暨标准》

1.3　检验模式

1.3.1　道路类检验

质量检验采取抽样检查、巡视检查、集中考核相结合的方式对道路作业质量进行考核监管。

检验内容:路段范围内的白天、夜间清扫保洁、垃圾收运、果皮箱清掏清洗、各种垃圾运输车辆的车容车貌、作业人员着装及文明作业行为等情况。

(1)质量抽样检查

质检部门对乙方采取抽样检查的方式进行质量检查与评定。

抽样依据:GB2828~2829-87国家标准;

检验方式:质检部门定期排出抽检计划,其中包括路段、人员及时间的安排,由质检人员按计划步行检查。抽检人员实行定期轮岗制。

(2)质量巡视检查

在抽样检查的同时,质检人员应依据实际作业情况对乙方进行质量巡视检查,以便掌握乙方的总体质量情况,并及时通知乙方处理巡查过程中发现的问题。质量巡视检查结束后,对发现的质量问题,质检人员将详细记录并通过互联网和《质量考核报表》向乙方反馈,巡查结果不作为质量得分的计算依据,只扣罚乙方作业经费。

(3) 集中考核

由质检部门组织,甲方主要领导、质检人员、生产管理人员及乙方承包人参与考核。集中考核分明查和暗查两种。

1.3.2 综合类检验

质量检验采取抽样检查的方式进行考核监管。

抽样依据:GB2828～2829-87国家标准;

检验内容:

转运:检查垃圾运输车辆车容车貌及进出垃圾场的流程规范、中转站内外环境卫生、设备卫生及各项记录等。

公厕:检查厕所内外环境卫生、设备情况以及社会服务承诺情况。

清运:检查垃圾运输车辆车容车貌及进出垃圾场的流程规范、垃圾清运情况及清运点周边环境卫生等。

野广告:检查野广告清理是否规范、及时、迅速,不得造成二次污染现象。

1.3.3 其他类检验

质量检验采取抽样检查及反馈的方式进行考核监管。

检验内容:

内部管理资料考核:检查内部管理制度、资料及记录、每月上报自查报表、内部管理调查表等。

处置中心立案情况:质检科根据处置中心每月的立案情况,对乙方出现较大的及反复出现的问题进行考核。

检验方式:

内部管理考核资料成绩一般由甲方主要领导、质检人员、生产管理人员共同参与评价。每季度乙方进行不定期明查或暗查内部管理资料。

处置中心立案情况:根据处置中心每月反馈的立案情况,对乙方进行考核。

1.3.4 检验扣款标准

20元/分,每月累计后直接在作业经费中扣除。

1.3.5 质量结果公示

(1)道路类:质检部门在抽样计划完成后的第一个工作日内公布上期抽查及巡查结果,并将《质量考核报表》上传互联网公示。每月5日前在互联网上公布上月质量排名得分,并进行质量评价及分析。

(2)综合类:质检部门对发现的质量问题,依据《环境卫生作业质量考核制度暨标准》进行考核,于当日或次日上传互联网指导乙方分析原因、制定措施、提高质量。每月于互联网上公布月质量得分,并进行质量评价及分析。对发现的重大质量问题除考核扣分外,还应于当天通知乙方整改。

(3)其他类:质检科根据内部考核结果及处置中心案件反馈汇总,将考核内部管理排名得分及处置中心案件考核情况,于完成后的第一个工作日内上传互联网。

1.4 质检检验规范

质检部门应严格按照《环境卫生作业质量考核制度暨标准》,代表甲方公正评判乙方作业质量,公开考核结果并进行质量分析。质检人员对发现的质量问题,应根据紧急程度及现场实际情况分别进行处理。

1.4.1 一级:现场纠正

(1)迎检创建期间,质检人员对所发现的问题应现场帮助作业人员整改;

(2)对于违反作业规范的如未穿戴防护标志的工人、人为向绿化带倾倒垃圾的、使用不规范容器的经质检科发现确认后应现场制止,令其整改;

(3)对于违反劳动纪律的如空段、迟到早退、串岗讲话的,经质检科确认后应当时进行纠正。

1.4.2 二级:立即通知乙方整改

(1)机动车辆如有沿途漏洒的,质检人员应立刻告知该司机或通知乙方进行整改;

(2)7:00—21:30如发现漏洒泥块及建筑渣土,质检人员及时举报并告知乙方协助整改;

(3)设备设施出现临时故障影响作业质量的,质检科发现后应及时通知乙方进行整改。

(4)公厕蹲位(便槽)不通造成堵粪的,质检科发现后应当时告知公厕所进行整改;

(5)公厕地漏不通造成积水的,质检科发现后应当时告知公厕所进行整改;

(6)公厕出粪口盖板破损不封闭有安全隐患的,质检科发现后应当时告知公厕所进行整改。

2 评价

为了更加客观、公正、科学、准确地评价乙方的作业质量,我处对乙方的作业质量用以下办法进行计分评价,以促进全处整体作业质量的持续改进与提高。

2.1 道路类

2.1.1 质量抽查评价办法

首先按照同等抽样率（抽样率＝抽样数/总样本数）对乙方确定抽样数。抽样样本中分早班清扫检查和保洁检查。结果计算月抽样检查得分的方法为：

(100－月清扫抽样扣分÷月清扫抽样量×3)×0.5＋(100－月保洁抽样扣分÷月保洁抽样量×3)×0.5

2.1.2 集中考核评价办法

集中考核成绩一般由甲方主要领导、质检人员、生产管理人员及乙方承包人共同参与评价。评价主要分为三部分。第一部分甲方主要领导，按档次计分并取平均数（第一名计100分，最后一名计95分，名次之间差值为1分）；第二部分为质检人员及生产管理人员，这部分计分去掉最高分和最低分取平均数；第三部分为乙方承包人，同样去掉最高分和最低分取平均数（乙方承包人计分与第二部分整体平均分误差在2分以上的为无效分）。领导按印象评分，其他人员按照标准评分。最后的集中考核得分为：

甲方主要领导计分×20％＋质检人员生产管理人员计分×60％＋乙方承包人计分×20％

2.1.3 月质量得分评价办法

月抽样检查得分×60％＋集中考核得分×40％＋道路难易系数附加分。其中道路难易系数附加分为：

(抽样及集中考核中一级道路样本数×1＋抽样及集中考核中二级道路样本数×0.5)÷(总抽样样本数＋集中考核道路样本数)×0.2

另外，质检部门还将每季度进行一次评价校准。评价校准组主要由甲方主要领导组成。校准组成员作出评价阐述，并分别作出排名，通过统计，若其中50％以上的成员认定的第一名、第二名和最后一名与该季度质量得分排名相符，则不做调整，若有差异，则按照校准组的意见，对有差异的乙方的月得分给予加分或扣分进行调整。（第一名＋0.2，第二名＋0.1，最后一名－0.2）

2.2 综合类

2.2.1 质量抽样评价办法：

（公厕、清运类）抽样得分为100－月抽样扣分÷总抽样量×额定抽样量24

（中转站类）抽样得分为100－月抽样扣分÷总抽样量×额定抽样量15
（野广告）抽样得分为100－月抽样扣分÷总抽样量×额定抽样量24
取抽样考核的100％作为月质量得分。

2.3　其他类

2.1.4　内部管理考核评价办法

（1）现场考评小组由甲方主要领导、质检人员、生产管理人员组成，考评满分为100分，考评小组对照内部考核标准打分，计分去掉最高分和最低分取平均数。

现场考核结果计算：
内部管理记录考核得分、内部管理资料考核得分、内部管理制度考核得分、质量自查报表考核得分均如下计分：（甲方主要领导计分×30％＋质检人员、生产管理人员计分×70％）

（2）内部管理考核评价办法按月抽查得分为：质量自查报表考核得分（20％）＋内部管理制度考核得分（10％）＋内部管理资料考核得分（35％）＋内部管理记录考核得分（35％）

（3）内部管理考核占乙方季度质量得分的10％。

（4）内部管理调查表为权重评分制，按照抽样考核的抽样率对工人进行不定期调查。质检科根据核实各部门是否对工人提出的意见，及时采取相应解决措施，来判定在内部管理考核评价上加分。

2.1.5　处置中心立案情况考核评价办法

（1）质检部门根据处置中心每月的立案情况，对乙方出现较大的及反复出现的问题按《环境卫生作业质量考核制度暨标准》相应条款考核，结果只扣除作业经费不计得分。

3　处罚办法

3.1　道路类

若乙方发生性质严重、影响恶劣的质量事故，质检部门除按常规考核扣分扣款外，还将根据严重程度进行以下处罚：

3.1.1　质量整改通知制

乙方有下列情况之一的，质检部门将代表甲方下达书面整改通知书，并从其履约保证金中扣除400元罚金。

（1）在专项整治期间，同一单位出现同一质量问题达三次的。

（2）日常考核期间作业部门出现重大问题，作业部门负责人或指定负责人不知情达三次的。

(3)新闻媒体曝光一次,经查属实且为乙方责任的。

(4)连续两个月在处置中心发生未达标案件的。

3.1.2 质量黄牌警告制

乙方有下列情况之一的,质检部门将代表甲方下达黄牌警示公告,并从其履约保证金中扣除1000元罚金。

(1)对于一年内收到两次整改通知书的乙方。

(2)当月质量得分比平均分低3分以上的乙方,给予黄牌警告一次。

(3)连续三个月月质量得分最低的乙方,给予黄牌警告一次。

(4)违反甲方制定的作业规程及行业规范,造成较大后果的给予黄牌警告一次。

(5)连续三个月在处置中心发生未达标案件的乙方,给予黄牌警告一次。

3.1.3 质量红牌否决制

乙方有下列情况之一的,甲方将出示红牌,当即取消乙方承包资格,并从其履约保证金总额中扣除5000元的罚金,乙方诚信记录为不合格。

(1)一年内累计有两张黄牌的乙方。

(2)在重大创建活动中因为作业质量问题造成恶劣影响的乙方。

(3)甲方下达了整改通知书但在一个月内没有关闭不合格项的乙方。

(4)在一个承包期内,质量考核排名最后的乙方。

(5)违反甲方制定的作业规程及行业规范,造成严重后果的。

3.2 综合、其他类

3.2.1 质量整改通知制

作业部门有下列情况之一的,质检部门下达书面整改通知书,扣除400元作业经费作为罚金。

(1)在专项整治期间,同一单位出现同一质量问题达三次的。

(2)日常考核期间作业部门出现重大问题,作业部门负责人或指定负责人不知情达三次的。

(3)新闻媒体曝光一次,经查属实且为乙方责任的。

(4)连续两个月在处置中心发生未达标案件的。

3.2.2 质量黄牌警告制

作业部门有下列情况之一的,质检部门下达黄牌警示公告,扣除500元作业经费作为罚金。

(1)收到整改通知书限期内未整改的乙方,给予黄牌警告一次。

(2)一年内收到两次整改通知书的乙方。

(3)连续三个月在处置中心发生未达标案件的。

(4)违反甲方制定的作业规程及行业规范,造成较大后果的。

3.2.3 质量红牌否决制

乙方有下列情况之一的,甲方将出示红牌,当即取消乙方承包资格,并从其履约保证金总额中扣除5000元的罚金,乙方诚信记录为不合格。

(1)一年内累计有两张黄牌的乙方。

(2)在重大创建活动中因为作业质量问题造成恶劣影响的乙方。

(3)甲方下达了整改通知书但在一个月内没有关闭不合格项的乙方。

(4)在一个承包期内,质量考核排名最后的乙方。

(5)违反甲方制定的作业规程及行业规范,造成严重后果的。

4 奖励办法

4.1 目的

4.1.1 为提高作业人员的质量意识、服务意识、安全意识,真正做到奖励先进,鞭策落后,鼓励乙方提高质量水平和劳动效率,积极开展管理创新,特设立本奖励办法,开展生产质量奖励活动。

4.2 评选步骤

4.2.1 乙方每月5日前将上月环境卫生自查情况月报表报于质检部门,质检部门将结合当月的月质量得分排名,以及新闻媒体曝光、社会投诉和各项奖励标准评选下列质量奖。质量奖实行每月一评,一季度兑现。但必须是符合条件者进行质量奖励,当月如无符合条件者,奖项可空缺。

4.3 奖励标准

4.3.1 道路类

(1)单月质量得分第一名且得分在98分以上奖励500元。

(2)单月质量得分第二名且得分在97分以上奖励300元。

(3)通过调整作业方式或其他途径使路段整体作业质量有明显提高的,可评选为进步奖,奖励200元。

(4)每年评选一次优秀管理奖。全年平均质量得分排在前三名且每月上报环境卫生自查月报表规范齐全的乙方具有评选资格。质检科对具有评选资格的乙方再进行集中检查内部管理资料后进行奖励。奖励金额 500—1000 元。

4.3.2 综合类

(1)单月作业质量得分在98分以上的奖励300元。

(2)每年评选一次优秀管理奖。全年平均质量得分在98分以上且每月上报环境卫生自查月报表规范齐全的乙方具有评选资格。质检科对具有评选资格的乙方再进行抽样检查内部管理资料后进行奖励。奖励金额500—1000元。

4.3.3 其他单项奖

(1)整改措施实施到位奖

①作业部门根据质检部门下达的"整改通知书",制定有详细的、具体的原因分析和整改措施。

②整改措施实施后质量问题得到有效解决并积极做好类似问题的预防措施。

③在规定整改时限内,质检部门考核无扣分。

④每个整改措施到位作业点奖励50—100元。

(2)优质服务示范岗奖

①示范岗位人员无违反作业规程及劳动纪律的现象。

②示范岗位人员能够很好地履行岗位职责,敬业爱岗,岗位创新。

③岗位在作业部门内自查考核及质检科考核无扣分。

④奖励办法:每个优质服务示范岗奖励50—100元。

(3)优质作业车组奖

①作业车组在所属部门内自查考核中扣分最低,且质检部门无扣分。无社会投诉。

②作业车组无安全事故。

③作业车辆外观整洁、干净。

④作业车辆司机无违反作业规程及劳动纪律的现象。

⑤每个优质作业车组奖励100—300元。

(4)优质服务清运点奖

①清运点经作业部门内自查考核及质检科考核无扣分的。

②客户满意率高,无社会投诉的。

③清运点具有一定社会效益,且服务效果明显的。

④每个优质服务清运点奖励100元。

4.4 示范工程奖励

为打造环卫作业品牌,鼓励城区环境卫生作业单位加强质量自查,进一步切实体现环卫精细化作业成效,提高社会监督的管理效能,现将全方位打造环卫示范服务工程。具体管理办法如下:

4.4.1 示范街

(1) 申报条件

①该道路作业面积必须达到作业定额的 4 倍以上。

②该道路上年的作业质量得分稳定,平均分在 99 分以上。

③承包人与街道临街门面签订了定时定点上门收集协议,并服务到位。

④承包人能妥善处理道路上出现的突发事件。

⑤该道路上年未发生重大安全事故。

(2) 示范街的评选程序

①承包人针对申报条件申报路段。

②处领导、质检科、生产科等代表组成的评选组对申报路段审核评选(道路数量上不封顶,下不保底,凡满足条件者均可评选)。

③评选结果在各大媒体上进行公示通过。

(3) 示范街所享受的待遇

①一旦成为示范街,该街道的清扫、保洁、收运及主管业务员将享受 50 元/人/月的作业管理补贴,并保证每周提供清洗车清洗一次,优先保障硬件及劳保用品的投入。

②示范街每条每月奖承包人管理奖 200 元。

(4) 示范街的考核办法

①示范街考核标准仍依据《环境卫生作业质量考核制度暨标准》中各项条款考核,只对其中部分条款作出调整。(调整内容在Ⅱ考核标准中)

②在对示范街的考核将取消质检抽样检查(集中考核也不列入受检路段),将采取日常巡查或者随机检查的模式进行检查。

③对示范街的日常巡查过程中发现的问题将加倍考核,按 40 元/分计算。

(5) 示范街的年审

示范街有效期为一年,有效期满后,质检科将综合各部门意见及道路作业质量重新审核评定。

(6) 示范街的标牌

示范街选定后,将竖牌标识,标牌中注明该路段的起点、终点、举报电话,以便接受社会监督。

4.4.2 示范公厕

(1)申报条件

①该公厕半年以来作业质量稳定,在自查和质检科考核中平均得分需在99.5分以上。

②该公厕内外环境长期保持整洁、干净。

③公厕内设施运转正常,设备完好齐全。

④无社会投诉。

⑤公厕内人性化服务项目齐全。

(2)评选程序

由公厕管理单位对照申报条件自主申报公厕一座,再由处领导、质检科及相关人员进行审核评选。

(3)奖励办法

①公厕每月可享受100元的作业管理奖,直接发放于相关作业及管理人员。

②优先保障硬件及劳保用品的投入。

③对于设备故障问题优先进行维修。

(4)考核及摘牌

①对示范公厕考核中发现的问题将加倍处罚,按1分40元扣罚。

②若连续3个月出现0.5分以上的质量问题的将给予摘牌处理。

(5)示范公厕有效期半年,有效期满后,将重新评选。

【专题材料4-1】宜昌市城市管理局案件集体审议制度

一、为保障公民、法人和其他组织的合法权益,促进我局行政执法工作程序化、规范化,根据《行政处罚法》第38条的规定,结合我局工作实际,制定本制度。

二、对情节复杂或者重大违法行为实施处罚,实行集体审议决定制度。

三、情节复杂案件,重大违法行为是指:

(一)主体复杂、定性困难、法律关系不易确定的案件;

(二)罚款金额在3万元以上的案件;

(三)拆除违法建(构)筑物面积在500平方米以上的案件;

(四)没收违法建筑物、构筑物或其他设施的案件;

(五)没收违法所得的案件;

(六)局领导认为需要提交集体审议的案件。

四、集体讨论采用案件审理委员会形式,案件审理委员会由下列人员组成:

(一)局长

(二)局党组成员

(三)城监支队支队长

(四)市城管执法局执法监督科科长

(五)市城管执法局纪检室主任

(六)市城管执法局法律顾问室律师

(七)支队法制科科长

(八)案件所在地大队长

五、讨论决定按下列程序进行:

(一)执法监督科根据局领导意见,召集会议。

(二)会议由局长或副局长主持,执法监督科负责记录。

(三)案件所在地大队长汇报案情。

(四)支队法制科提出初步处理意见,并陈述理由、依据。

(五)与会者各自陈述对案件的处理意见。

(六)以少数服从多数的形式作出处理建议。

(七)局长认为难以作出决定,或对案情有异议的,可提交下次审理会议讨论。

六、执法监督科依据集体审议结果制作备忘录,报局长批准后执行。

【专题材料4-2】株洲市城市管理工作学习考察报告

宜昌城市管理工作在连续两年全省考核排名第一,特别是今年顺利实施城区城管体制改革后,如何乘势而上,更进一步,向"国内一流"迈进,服务现代化特大城市建设?与我们城市定位、规模框架、人口总量、经济实力相近的湖南株洲给出了答案。近期,市城管局主要负责人带队,按照突出重点、统筹兼顾思路,围绕城市综合管理、市容环境治理、建筑渣土管理、考核评价等城管工作重点难点问题,采取座谈交流、现场参观等方式,再次学习考察株洲城管工作,具体情况报告如下。

一、关于城市综合管理

(一)株洲特点及做法。株洲市城市管理委员会成立于2000年,经过10余年的摸索、实践,目前株洲"大城管"体制成熟稳定、运行高效,真正做到了实体构建、实质运行。

一是"法制化"，锻造"尚方宝剑"。2012年2月，株洲市委市政府联合出台了《关于加强和创新城市管理工作的意见》，以规范性文件形式明确了行业究竟"管什么"、责任主体究竟"干什么"、工作目标"是什么"等重大问题，为实施城市综合管理提供了理论支撑、"法律保障"，成了部门调动各种行政资源实施城市管理的"尚方宝剑"。

二是抓"一把手"，抓住"核心人物"。株洲把各县市区、市直各部门主要负责人作为城市管理核心人物，构建了城管工作坚强的组织保障。市城管委由市委书记任政委、市长任主任，各县市区及街办、乡镇主要负责人为辖区城市管理第一责任人，形成"一把手抓、抓一把手"的责任体系和工作格局。

三是建机制，确保"实质运转"。建立主要领导主抓机制。市委市政府主要领导对城市管理工作亲自过问、亲自调度、亲自督办，解决了部门"平级指挥"的体制尴尬。建立联动机制，分管副市长和相关部门领导定期召开碰头会，研究解决城管工作中遇到的困难和问题，一级抓一级、一环扣一环。建立工作派单机制，城市管理突出问题由市城管委向对应责任主体派单，可谓是"无声胜有声"。

（二）宜昌问题及对策。宜昌市城市综合管理委员会于2010年9月成立。客观讲，宜昌市"大城管"体制建立三年来，目前仅停留在框架上、纸面上，存在虚化和空心化问题。结合株洲先进经验，当前，我们主要抓好以下工作：

一是出台文件，宏观上进行战略布局。代市委市政府起草《关于加强和创新城市综合管理工作的意见》，以今后五年为总体时间安排，重点解决宜昌市城市综合管理的职责内容、奋斗目标、主要任务、责任主体和保障措施，对"大城管"进行战略布局。

二是明确职责，中观上划清各自责任。制定《市城管委成员单位城市管理工作职能职责》，明确各县市区政府、市直各部门、关联企业城市管理工作职责和任务，解决目前职责不清问题。

三是建章立制，微观上推动实际运行。建立市城管委领导巡查、指挥协调、定期会议、现场督办、问题整改等工作制度和运行机制，确保各成员单位责任上肩、任务落地。

二、关于市容环境治理

（一）株洲特点及做法。株洲城市面貌总体感觉就是既"养眼"又"舒心"。其主要特点和做法是：

一是主题明确，工作连贯。株洲在治理市容时，一年一个主题、一年一个

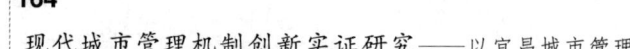

目标。如2008年提出"三创五改";2009年实施"四创四化";2010年打响"三大战役";2011年开展"城市再提质";2012年提出"打造全国最干净城市";2013年提出打造"城市管理升级版"。可以看出,株洲市容治理重点突出、方向明确、连续连贯,一步一个台阶往上走。

二是以建促管,品质优先。先后对157条背街小巷、40公里城市道路、5.6万平方米的人行道板、176公里的地下管线进行了综合改造,提高了市容管理的硬件档次,解决了城市管理的"先天不足"。同时,十分注重市容品质和形象。实施"美化、亮化、绿化"工程,对城区29条主次干道临街1511栋建筑物立面进行总体改造,规范了防盗窗、空调外机、广告招牌设置位置和样式;亮化了10条主要道路、126条背街小巷、636栋建筑物,促进市容成为城市夜间的观赏点;栽大树、建绿地,城市绿化覆盖率达50%、绿地率45.5%、人均公园绿地面积14.3平方米,城市绿意盎然。

三是群众参与,齐抓共管。没有一座城市的管理是单靠行政力量进行的,群众参与是城市管理的重要组成部分,直接关系工作成效。株洲聘请1000名"4050"人员和享有城市低保人员为"市容环卫监督员",分布在城区27条主次干道、107个执勤点,对乱倒垃圾、乱贴乱画、乱停乱放、乱穿马路等"六乱"行为进行纠章处罚。制定有奖举报政策,动员市民举报城市管理问题,举报一经核实确认,每条信息奖5元,直接充入手机话费,形成了全民参与城市管理的良好氛围。

(二)宜昌问题及对策。目前宜昌城区市容治理最大问题自"三城联创"结束后,一直缺乏一个新的总抓手,导致各区开展市容治理时,比较"散、碎、小"。当前,市委市政府正在开展大绿化大美化行动和城市整理工程,我们将以此为契机进一步延伸和拓展,开展城市环境综合整治行动。

一是实施城市空间整治。摸排城区违章建筑情况,继续实行违建举报奖励制度,开展"百日拆违"行动,建立防违控违电子档案,确保城区违建治理做到"增量为零、存量减少、总量降低"。拆除违法设置户外广告及各类经营性布幅条幅,城区户外广告"只减不增"。统一主要道路门店牌匾位置、设置标准,7月底前,规范桔城路、白沙路、合益路门店招牌;12月底前,规范泰江路、八一路、云集路、西陵一路、沿江大道门店招牌。

二是实施市容秩序整治。采取错时执法和徒步执法相结合方式,加大出店经营查处力度,规范北门等夜市经营时间,确保市容管理实现"主次干道严管、背街小巷规范"。抓好"门前三包"责任制落实。重新划定"门前三包"责任

附　相关专题材料

主体、范围面积，研发"门前三包"信息库和管理系统，在城管工作考核中单列15分权重，确保"门前三包"责任制从"纸上谈兵"到落实见效。

三是实施环境卫生整治。规范垃圾清运行为，杜绝清运车辆挂袋现象。推进生活垃圾分类收集试点，西陵区、伍家岗区各选择1个社区、其他区选择3——5个居民小区开展试点工作。引导群众参与市容环境治理，组织2次以上"万人洁城"行动，清除卫生死角和暴露垃圾。

四是实施市政设施整治。维修和更新各类指示牌、路名牌、垃圾箱、通信箱、排水井盖等"城市家具"，修补美化道路侧石站石，安装井盖防坠落保护装置，及时修复路面，确保市政设施完好率保持100%。

三、关于建筑渣土管理

（一）株洲特点及做法。在株洲，看不到路面有建筑渣土，看不出车辆是运输渣土。我们认为得益于以下几点：

一是源头控，把住管理第一关口。株洲城区每个建筑工地都安排专人值守，主要负责监督工地内车辆冲洗设施是否设置，车辆是否密闭，车辆出场是否全身"洗澡"。同时，每个建筑工地安装摄像头，与数字城管监控系统对接联通，规定建筑渣土运输只能在夜间10点至凌晨4点进行，把住建筑渣土运输第一关口。

二是过程查，突出动态全时巡检。株洲市城管局在市城管执法支队组建了一支由16名执法队员组成的巡查专班，采取三班倒方式，每天24小时对城区路面渣土运输情况进行巡视。对发现的问题，规定辖区城管部门半小时处置完毕。所有建筑渣土运输车辆安装GPS定位系统，做到精确定位。

三是末端考，倒逼责任主体自律。株洲的建筑渣土考核采取"双重考核制"。一方面对建筑渣土公司进行考核。成立株洲市建筑渣土运输协会，对全年渣土运输情况进行考核奖惩。年终排名后三名的分别处罚3万元、4万元、5万元，所有罚款奖励给排名前三名的运输企业，排名末名的停运半年。另一方面对各区政府进行考核。将建筑渣土考核纳入各区城管工作考核，发现渣土污染路面现象，除对运输企业进行考核外，还对辖区政府进行考核。

（二）宜昌问题及对策。现在宜昌市城区建筑渣土污染城市情况比较突出，关键在于没有形成相适应的管理机制，对此，我们将采取以下措施予以治理。

一是组建专职队伍。从市市政环卫处和市城监支队抽调7名同志组建建筑渣土整治专班，配备车辆、摄像机、照相机等设备，全方位全时段巡查考核城区建筑渣土运输。

二是强化行政审批。对白天和跨区域运输建筑渣土，实行审批制，由市城管局负责。对各区批准的辖区建筑渣土运输行为，均报市城管局备案。

三是实施人技监控。建筑工地派专人值守，杜绝车辆带泥上路。车辆安装GPS监控系统，并与宜昌市数字城管系统对接，实现车对路、路找车。

四是优化考核方式。对建筑渣土运输企业收取质量保证金，提高运输企业的危机意识。在各区城管工作考核中单列建筑渣土考核，分值为15分。

四、关于城管工作考评

（一）株洲特点及做法。株洲城市管理既"考"更"评"，形象概括为"五子登科"：一是镜子。市城管部门制定城市管理工作标准。二是鞭子。市城管部门对各责任主体进行考评督查。三是票子。设立2400万元的城管奖励基金，每月考评排名，第一名奖100万元，第二名奖60万元，第三名奖20万元，第四名不奖不罚，最后一名罚30万元。四是面子。每月考评结果公开见报，不仅公布名次和奖罚金额，同时公布区长和分管副区长姓名。五是帽子。连续两次排末名的各区政府负责人在媒体公开说明原因，连续三次排末名的各区党政负责人由市委市政府主要领导约谈。为做到"五子登科"，株洲采取以下方式：

一是纲举目张。出台长达100余页的《株洲市城市管理工作考评办法》（附《考评标准》）。在这个"总纲"下，按行业和工作，又细分为建筑渣土、户外广告、园林绿化、环境卫生、市政设施、数字城管等10余个子项；按考评方式，又分明检与暗考，其中明检占40%、暗考占60%，建立了统分结合的考核体系。

二是全员考评。株洲市城管局从"一把手"到普通职工，人人都是考核员，人人都有考核任务。株洲市城管局规定每月最后一周为考核周，全局干部职工全体上街考核各区城管工作。考核办可以直接安排领导与职工考核，可以直接调度城管系统人力资源上街巡查。

三是检考合一。株洲把城市管理工作日常检查与考评结合起来，树立了"检查就是考核"的工作思路，其株洲市城管局的市容科、环卫科等业务科室每天检查发现的问题，直接纳入各区城管工作考核范畴，提高了考核效率。

四是纪律严明。考评工作坚持公平、公正、廉洁、科学的原则，对考评队伍，规定了"四不准"纪律，严格执行考评标准，不打"人情分"。同时，聘请了40余名人大代表、政协委员、退休老干部、网民代表、市民代表担任考评委员和监督员，全程监督考评工作。为确保各区考核奖励资金用于城管工作，他们每月检查奖励资金使用情况,看票据、看账目、看实物,防止奖励资金被挪作他用。

(二)宜昌问题及对策。目前宜昌市城管工作考评突出问题主要是考评的方式手段、结果运用比较单一,考评工作没有触及被考对象根本利益。针对上述问题,我们已经着手调整。

一是调整考评机构。由市城管委办公室(市城管局)全面负责宜昌市城管考评工作,包括制定考评办法、细则、标准及方式等,市城管监督指挥中心负责具体组织实施。

二是优化考评方式。每月实行日常即时考核、每周专项考核、月底综合考核。日常即时考核就是对问题即时发现即时扣分。除专职考核人员外,市城管局机关工作人员配发城管通,每名工作人员每月至少发现问题10个。周专项考核就是每周进行一个专项内容的考核,市城管局及市级相应行业管理部门参加。月综合考核就是每月对市容、环卫、市政设施等城市管理工作实施综合性考核。

三是建立考评会议制度。主要是日重点督办。市城管监督指挥中心巡查人员对每日巡查发现的突出问题,明确责任主体30分钟的处置时间,并在现场守候,直至处理完毕。周分析会议。每周召开一次分析督办会,由局考评办组织,市城管局相关科室及直属单位、各区城管局负责人参加。主要是对周考评情况进行通报、下发问题整改书。月调度会议。每月第一周与城管委例会套开,主要是通报上月考核情况,安排下月考核计划和要求。

四是强化考核结果运用。一方面,进行媒体公布。每月考评结果在三峡日报头版固定版面进行公布,突出问题在曝光台进行曝光。另一方面,实施一票否决。对督办整改要求落实不到位累计达两次的,或出现重大突发事件处置不力的,或在重大活动过程中措施不力造成严重后果的,对责任单位实施一票否决,当期考核排名直接排末位。再一方面,实行经济奖惩。今年设立1400万元的城管工作考评奖金,对各区城管工作实施奖惩。

【专题材料4-3】武汉市、咸宁市城市管理工作学习考察报告

如何在属地管理体制下对城市实施高水平管理,塑造"洁绿亮美静畅"的城市面貌,为现代化特大城市建设提供一流的环境支撑?带着上述问题,近期,市城管局学习考察了武汉、咸宁城市管理工作。通过考察,深刻感受到两地城市面貌脱胎换骨、翻天覆地的变化,看到了差距,开阔了视野,进一步增强了奋起直追、后发赶超的责任感和紧迫感。

现代城市管理机制创新实证研究——以宜昌城市管理为例

一、两地工作特点

（一）综合管理实现常态。现在全省各地都在推行城市综合管理，但如何落实，确是困扰各地城管部门的难题，武汉、咸宁多措并举，实现了城市综合管理实质运转。一是用"法"保障。武汉市相继出台了《城市综合管理条例》、《提升武汉市城市综合管理工作的意见》等法规、规范性文件，明确细化了城市综合管理的主要内容、法律来源、组织架构、责任主体、运行机制，实现了"大城管"的法制化。二是靠制度落实。武汉建立了目标管理制度，市长每年与成员单位主要领导签订责任书，市城管委每年以1号文件向责任单位派遣城市管理工作；咸宁建立了城市综合管理委员会相关制度，每年召开"全市城市管理工作会议"，定期召开"城市规划建设管理工作调度会"，确定了市级领导巡街和部门牵头管街实施方案，每季度组织市直机关干部开展义务清扫保洁，实现城市综合管理由"虚"向"实"、从"随机"到"固定"的转变。三是用服务推动。武汉实行属地管理后，市级城管部门积极为区级城管部门工作争取政策、资金、编制；对各区公共厕所、垃圾转运站建设，市财政给予一定经费补助；对能干事、干成事的干部给予相关政治待遇。2012年，将江岸区城管局局长提拔为市城管局副局长。

（二）作业管理规范精细。一是出台标准。武汉市出台《城市综合管理手册》，明确市政养护、环卫作业、园林绿化、市容管理的标准。咸宁规定门店经营不能超出门框，变不准"出店经营"为不准"出门经营"，有效解决了以往城市管理中尺度不一，"各吹各的号，各唱各的调"的问题。二是制定规划。武汉、咸宁制订了市政、环卫、园林等行业专项规划，远期干什么，每年做什么，最终达到什么要求都进行了细化明确，远近结合，条块互动，避免了作业管理"走一步算一步"。三是细化工序。武汉编制《道路机械化清扫作业规程》等文件，规定道路清扫保洁"先立面、后平面，先空中、后路面"和"洗、扫、冲、收"的程序，又如规定道路维护按照"发现—受理—处置—办理施工行政许可手续—设置施工围挡—组织施工—验收清场"的程序进行，等等。

（三）环境整治严管重罚。以治理建筑渣土运输为例，武汉、咸宁均对建筑渣土运输公司实行统一管理，主要是"统一车辆牌照、统一车身颜色、统一加装密封盖板、统一作业时间、统一运行路线"，在建筑工地安装摄像头，为运输车辆安装GPS定位系统，实现了精确定位，过程监控。同时，武汉向大型工地长期派驻1名至2名执法队员，实施全程监管，主要监管内容为：车辆冲洗装置是否设置，出入口路面是否硬化，监督车辆是否冲洗后上路，并对违法违规当事人实行重罚。去年,咸宁对51家违法施工单位和个人处以罚款33.1万元。

(四)指挥调度便捷快速。武汉市投入3000万元建立了数字化城市综合管理监督指挥系统,在各区组建城市管理监督指挥中心,对城区实行"两级监督、两级指挥";通过无线呼叫、视频会议、视频监控、专业管理、车载指挥等系统,直接指挥调度街面上的每台作业管理车辆、每名网格管理员。

(五)工作保障投入有力。一是财政投入大。武汉市投入2000亿元开展"城管革命",投入2.5亿元,综合改造社会小区;投入8000万元进行楼顶环境综合整治;采取"政府拿钱,统一运作"方式,对主要道路沿街门店招牌进行更新和规范。咸宁将城管工作经费由1158.9万元提高到1348.9万元,增幅达16.4%;参照公安标准,城管局机关公用经费由7000元上调到1.3万元;城管执法队员人员经费由5000元上调到7000元,协管员打包经费由2.5万元增加到3万元,拆违经费由60万元增加到100万元,并单列专项整治经费1380万元,两地城市管理可以说是"不差钱"。二是公安保障强。武汉市公安局在市城管局成立行政执法大队,常驻公安民警10余人,各区公安分局在区城管执法分局设置治安科,派驻公安民警2人。咸宁市公安局向城管局派驻10名民警(含6名交通警察、4名治安警察),公用经费由市公安局直接划转到市城管局,不足部分由市城管局补助。

(六)考核奖惩客观严格。一是内容全覆盖。武汉市将空气质量、交通管理、公共秩序等纳入其中,共分16个大项、19个子项。同时,两地除有总体考核办法外,还配套制定了行业考核子办法。如武汉制订了《环境卫生作业考核办法》、《广告招牌考核办法》;咸宁出台了违法建设考核方案,做到了统分结合。二是增强客观性。武汉市每年投入500万元,聘请第三方机构每天对城市管理问题进行巡查上报和处置核实,实行"背靠背"考核。设定考核难易系数,提高了考核公信力,解决了以往存在的"一刀切、一锅煮"的弊端,让考核对象口服心更服。三是奖惩动真格。武汉市考核结果通报实行"八笔会签"制,即起草人、市城管局督察处、市城管局分管领导、市城管局主要领导、市文明办主要领导、分管副市长、市委宣传部部长、市委分管副书记。设置了5000万元的考核资金,对工作成效实施经济奖惩。2011年,奖励总额达4870万元,处罚960万元。咸宁则前3名的镇(办)给予30万元的重奖,排名末位的实施"一票否决"。2011年取消了马桥镇2012年度目标考核评先资格,镇长进行了诫勉谈话。

二、宜昌对策措施

（一）强化行业发展研究，做好工作顶层设计

认识决定意识，高度决定深度，思路决定出路。要牢固树立"先战略后战术、先整体后局部、先长远后当前、先全国后本地"的工作理念，加强行业发展的全局性、通盘性的顶层研究，切实做到"谋定而后动"。

一是抓好规划布局。按照"统分结合"原则，围绕城管工作"全省第一、全国一流"，研究今后五年城管工作的指导思想、奋斗目标、重点任务，对长效机制建设、城市环境治理、队伍规范管理进行整体布局。建立健全城管与规划部门联系互动机制，依托城市发展总体规划，修编市政设施、环境卫生等专业规划，指引行业发展，规范作业管养。

二是制定标准规范。按照"借鉴外地、立足实际、适度超前"思路，完成市政设施、环境卫生的管养标准、作业定额及操作规程编制工作。加强规范性文件制定工作，建立新的起草、申报、发布等规章制度，力争出台涉及数字城管、餐厨垃圾的规范性文件，确保完成"门前三包"管理办法、"市政府125号令"等规范性文件修改工作。

三是加强信息收集。建立全市城管工作信息系统，做到情况互通、知识互学、经验互鉴。拓宽工作视野，建立与省内外管理先进城市联系机制，建立相关信息数据库，通过实时动态更新、定期统计分析，抢占发展制高点，掌握工作主动权。

（二）转型升级管理方式，实施现代城市管理

在城区城管体制改革基础上，乘势而上，深化推进，沿着"三条主线"推动管理方式从传统型向现代型转型升级：一是以实现格局"大城管"为主线的体制改革；二是以实现运行"大提速"为主线的机制改革；三是以实现工作"大落实"为主线的考核方式改革。

一是实施综合管理。制定《城市综合管理办法》，编制《城市综合管理手册》，细化市城管委成员单位城市管理职能职责，建立市城管委定期会议制度，研究市直部门、关联企业城市管理工作考核方式。

二是实现数字城管。按照《宜昌数字城管建设方案》规定，2012年要完成项目二期建设，时间很紧迫，任务很艰巨。必须打破按部就班的传统做法，引入工程建设理念，推行二期建设"项目经理制"和"流水作业法"，确保数字城管主系统及扩展系统建成使用，确保《城市部件事件处置（指挥）手册》出台实施，确保各区工作平台与市城管监督指挥中心顺利对接，确保中心城区实现数字化城市管理。

三是严格考核奖惩。发布全市城管工作年度考核大纲,出台《宜昌市城市综合管理考核办法》,继续实行第三方考核,设立城市综合管理质量考核专项资金,建立市、县(市)区、镇(乡)三级检查考评和奖惩激励机制,对城管工作进行考评奖惩。

(三)刷新城区城市面貌,努力打造美丽宜昌

坚持把提升城市形象摆在更加突出的位置,贯穿到基础设施建设、市容市貌治理等各个方面,突出重点,分层推进,推动城市环境治理从治乱保秩序型向扮靓提形象型转变,让宜昌"洁绿亮美静畅",达到《宜昌市城市容貌标准》各项规定。

一是中心城区抓好城市整理。编制《城市环境综合整治三年行动计划》,开展建筑渣土、违法建设、"门前三包"、广告招牌、停车管理、噪音治理、不文明行为等专项整治行动,规划和设置一批流动摊贩疏导点,加快垃圾焚烧发电、餐厨垃圾等环卫重点项目建设步伐,继续推进生活垃圾分类收集试点,力争再添两条省级市容环境美好示范路。

二是城市新区抓好谋篇布局。建立与新区建设推进办联动工作机制,及时掌握信息和情况。建立城市管理重点项目储备库,抓好城市新区的垃圾中转站、公共厕所、停车场等市政、环卫基础设施布点工作,预留建设用地。同时,强化防违控违工作。建立房屋影像数据库,完善与公安、工商、房管等部门联动机制,强力开展违建拆除行动,重点查处"层高、面大、连片"违章建筑,确保新增违建零增长。

三是城市外围抓好环境卫生。加强运河沿线、高速公路沿线、铁路沿线、城市出入通道、城乡接合部环境卫生治理,清理卫生死角,拆除违法设置户外广告,统一门店招牌规格、材质、样式,增设果皮箱等垃圾容器,打造城市轮廓景观线。

(四)纵深推进城乡统筹,着力构建全域城管

在提升县城城市管理水平的同时,对乡镇和村城管工作给予更多关注、更多支持,投入更多时间、更多精力,让村庄有城市的面貌、村民享受市民的环境,实现城市管理全区域覆盖。

一是健全组织机构。坚持"大城管"的体制改革方向,各县市要全部成立城管委。抓住市委市政府推进新型城镇化重大机遇,推动各乡镇组建和单设城市管理机构。积极探索村城市管理机构设置方式,力争人口多、面积大、实力强的村配备环卫专干,建立健全从市到村的城市管理组织体系。

二是强化环境治理。结合新农村建设,做好乡镇和村的城市管理规划工作。实施县市容貌提质工程,重点对出入通道、公铁沿线、护坡堤岸的市容市貌进行治理,8个县市各创建1条市级市容环境美好示范路。建立户分类、村收集、镇转运、县处置的生活垃圾收集清运处置体系,防止"进门现代化,出门脏乱差"。

三是试点示范推动。有针对性地选择两个县市开展城管工作城乡一体化试点,加强指导帮助,提供管理服务,努力建成一批统筹城乡发展的示范县市、示范乡村,带动县市城市管理工作发生新变化。适时召开经验交流会,全面推广试点经验,建立城乡城管工作一体化的制度体系和工作模式。

【专题材料4-4】赴武汉、黄石考察学习城市管理情况的报告

3月2日至3日,宜昌市城管局党组成员、机关科室长、局系统各单位主要负责人及县市区城管局长一行70人先后前往黄石、武汉考察学习城市管理方面的情况,现将考察学习的有关体会和建议汇报如下:

一、学习体会

(一)市委、市政府高度重视城市管理工作,建立高位指挥工作机构,把城市管理工作当作一把手工程抓。

黄石市委、市政府高度重视城市管理工作,突出抓城管资源整合将35个职能部门和城区各政府整合到一起成立城市管理综合委员会,市长亲任组长,城管委下设办公室,具体负责城市综合管理的组织指导、协调督办、考核评价及城管委的日常工作。先后出台了《关于进一步加强城市综合管理工作的意见》、《黄石市城市管理委员会议事和工作规则》、《黄石市城市管理委员会成员单位工作职责》,把城管工作当一把手工程抓。武汉市委市政府更加重视城管工作,响亮地提出了"城管革命",建立市长任主任,市委市政府相关领导任副主任,各区和相关部门负责人为成员的城市综合管理委员会,市城管局作为城管委办公室履行统筹协调、监督检查的职能。市长代表市政府亲自与各区、各责任单位负责人签订责任状,坚持每月调度制度,市长亲自主持召开6次"城管革命"现场会,通报情况,调度工作,督办任务,推动"城管革命"不断深入。

(二)加大资金投入,不断改善基础设施和城市环境面貌。

黄石市为加快数字化城管建设,市政府投入2000万元资金进行数字城管项目建设,目前市级平台基本建成,区级平台正在建设,沟通快捷、分工明确、责任到位、反应快速、处置及时、运转高效的城市管理机制正在形成。执法队伍经费由原来人均4.2万元提高到目前7万元,改变了原来靠罚没款维持正

常工作经费的怪现象。近三年来,加大投入,先后购置各类大小执法车辆120余台;先后投入近2000万元,建设改造5处,面积5000多平方米的执法大队办公基地。武汉市每年在城市建设和管理上投入约50亿元,投入力度空前,城市基础设施和城市环境面貌发生了翻天覆地的变化。

(三)理顺了市区两级城市管理体制,建立了检查考核以市为主,执法管理以区为主的城管工作格局,充分调动了各区的工作积极性。

黄石市城市管理局下设"1队1处2中心"(机动大队、渣土管理处、固废处置中心、生活垃圾处理费管理中心)铁山、下陆、黄石港、西塞山、开发区五个大队下放相应城区,行使相对集中行政处罚权。执法大队正式编制157名,协管员160名;城管执法队员去年正式纳入了"参公"管理。环卫体制方面,1999年,按照市委[1999]5号文件精神,环卫人、财、物整体移交给各区管理。市城市管理局目前主要履行着环卫行业管理职能,负责全市环卫行业的检查、督办、监管、服务等工作;局下属固废处置中心现有编制19人,直管三个垃圾处理场,负责垃圾场的管理维护等工作;各城区建设局及其环卫部门负责环卫行业作业、业务管理等。全市环卫系统现有城维公司(管理处)6个。现有从事城市道路清扫工作的2276人,其中在编人员312人,退休职工442人,聘用人员1522人,主要负责全市106条主次道740万平方米清扫保洁任务;从事小街小巷、社区环卫工作的居民区保洁员1040人,主要负责127个社区319万平方米的清扫保洁任务。武汉市以区为主管理的城市管理体制形成很早,通过开展"城管革命"市城管局统筹协调、监督检查和各区执法、作业管理的职能突显。各区城管工作积极性得以充分发挥。

(四)建立了严格的目标责任奖惩体制,坚持不懈地进行考核奖惩。

黄石市政府每年拿出资金50万元,市财政从下拨五城区的经费中各拿出10万元,设立总额为100万元的市容综合排名奖励基金,每月对各区进行严格的奖惩兑现。2012年,为进一步加大奖惩力度,黄石市采取从责任单位扣款和市级财政配套的办法,设立600万元城市管理奖励资金。对各区实行每月一考核,一月一排名,一月一兑现,新闻媒体大力宣传,排名末位的区不仅被扣款而且区长做检查性讲话。武汉市全年用于城市管理的奖励经费约5000万元,每月考核兑现,考核奖惩不讲情面不打折扣。车行道1公时范围内不许有垃圾,人行道200米范围内不许有垃圾;社区一月不许有两处新增违法建设,街道办辖区内一月不许有5处新增违法建设,区内一月不许有15处新增违法建设。如有违反社区主任和街道办主任免职,区长做检查。

（五）在管理机制上，建立完善了一系列新的机制，使城市管理工作更加科学高效。

1. 黄石市做法。

一是探索建立违法建筑"巡管控拆"联动新机制。出台了《黄石市控制和查处违法建筑管理办法（试行）》，强化城区属地和前置管理，完善市、区、街道（镇）、社区（村）四级责任网络，加强过程控制；建立了违法建筑"三个一"管控法，对新建的违法建筑投诉，要求无论白天黑夜，都要在"第一时间"赶到现场（30分钟内赶到现场）、"第一时间"控制，在"一个工作日"内予以拆除。二是探索建立网格化管理新机制。将全市执法管理划分为127个网格，实行"定人、定时、定岗、定责、定管理标准、定奖惩制度"的层级式细化管理。在全市全面实施城管进社区工程，按"八个一"的要求，即每个社区进驻一名城管执法队员、设置一个城管执法法律法规宣传栏、一套办公桌椅、一套法律法规宣传材料、一本社区基本情况台账、一个举报违法行为登记簿、一个意见监督举报评议箱、设置一个城管进社区公示牌。进驻队员主要任务是会同街道社区负责对环境卫生、违法建筑、居民违规饲养家禽家畜管理等5个方面的工作。

2. 武汉市做法。

探索建立以下几个机制：一是马路办公机制，实行领导和部门负责人上路巡查，现场办公，发现问题，解决问题。二是资金投入保障机制，市、区政府加大经费投入为城市综合管理提供有力的资金支持。三是作业服务机制，对环卫作业单位实行管干分离的企业化改革，建立国有企业为主体、社会企业积极参与的环卫市场化格局。四是考评奖惩机制，通过选取第三方机构，对城市综合管理实行"背靠背"考核。五是执法保障机制。出台了《武汉市城市公园管理条例》、《武汉市建筑垃圾管理暂行办法》，修订了《武汉市市容环境卫生管理条例》，市、区公安部门落实专门力量，强化城市综合管理社会治安保障，打击暴力阻碍城管执法的违法行为。

（六）分专项开展系列整治行动，城市综合管理取得明显成效。

1. 黄石市做法。

一是开展临街建筑物立面整治。按照市政府的统一部署、统一规划、属地负责、单位包保、以奖代补的原则广泛动员全社会积极参与。两年完成立面整治楼宇1676栋，立面整治面积200万平方米，分别是原计划的2.14倍和2.11倍，完成投资额达1.6亿元，整个城区旧貌换新颜。二是加强占道经营整治。坚持疏堵结合，按照"主干道严禁、次干道严控、小街小巷规范管理"的思路,"对症"治理;探索设立临时规范经营点,实行"城管监督,业主自治,规范管理,多方共赢"的管理模式,一度受到国家、省新闻媒体的高度关注。三是开展"卫生死角"消号清除整治。三年来采取"消号法"清除社区"卫生死角"2000多处。四是开展了户外广告整治。颁布实施了《黄石市户外广告管理办法》,充分利用城市广告资源,吸引社会资金建设城市公用设施;先后与市民政局、市城市公交集团有限公司密切协作,采取出让城市道路地名标志牌和公交候车亭广告位经营权的方式,吸引社会资金,建设了全市道路地名标志牌和杭州路公交候车亭;一批新式电子屏广告和三面翻广告牌相继制作完成。

2. 武汉市做法。

一是开展了"洁面冲凉"工程,全面治理渣土污染、暴露垃圾、窗口地带环境秩序、推进临街立面整治,启动"城市家具"清洗工作。二是实施"减肥瘦身"工程,全面整治违法建设,集中整治广告标牌,整治规范空中管线,大力改善空气质量。三是实施"穿衣戴帽"工程,加大园林绿化建设,加强水景观建设,提升城区亮化水平。四是实施"交通畅通"工程,强力整治违法占道,交通拥堵,提升道路管养水平和便民自行车系统。五是实施"文明行为"工程,掀起"城管革命"宣传高潮,公开曝光不文明行为和组建市容环境监督员上路配合执法人员劝阻、制止和执法。

二、相关建议

(一)尽快理顺城市管理体制,建立检查考核以市为主,作业管理以区为主的城市管理格局。

适应省域副中心建设发展要求和特大城市管理需要,过去管理小城市"一竿子插到底"的管理模式已不适应现代城市管理发展需要,理顺城市管理体制,划小管理单元,明确责任主体,建立作业管理以区和街办为主,检查考核以市为主的管理体制,充分调动各方资源和力量管理城市,已成为当务之急。

(二)尽快转换工作机制,建立部门间协同沟通机制和市场运作机制。城市管理涉及社会管理的各个领域是一项系统工程,需要各部门和全社会的广泛支持和参与,建立各区和各部门间的协同沟通机制显得非常重要和紧迫。社会力量参与城市管理是一个既容易实现管理目标又能减少负担的有效办法,引入市场竞争,让相关公司参与环卫作业、绿化维护、市政维修维护及拆除违法建设的劳务,实现由以钱养人到以钱养事的转变。

(三)尽快完善考核奖惩机制,建立动态考核机制,奖勤罚懒。

将城市管理工作纳入了政府目标管理体系,建立城市管理责任考评体系,成立城市管理考评委员会，科学制定考核评比办法，每月进行考评，结果兑现奖惩，并在主要媒体公布排名，真正调动城区、街道抓城市管理的积极性。实行市对区、县（区）对街道每月，市对县每半年考评一次城市管理工作。引入第三方考核评价机制，对各城区、街办、社区市容环境卫生工作进行了独立严格的考核检查，建立严密的日检制度，加大信息反馈、整改工作力度。

（四）尽快建立正常的投入增长机制，稳步提升城市管理水平。

根据不同阶段的工作目标和任务，对城市管理各行业的工作量、运行成本进行核算，建立完善城市管理工作量和经费同比例增长机制。同时整合各种资源，构建与城市建设和管理相适应的城市管理融资体制。

【专题材料5-1】体制机制改革的情况：

1. 职责调整

将城区城管执法、环境卫生作业、市政及环卫设施维护和占道挖掘、门店招牌、排水许可、垃圾处置等行政审批，环卫、停车等行政收费和相对集中行使的行政处罚权、行政强制权等城市管理职责、权力下放到区，将园林绿化方面的职责划入市园林绿化管理局。

市局机关：调整机关内设科室，撤销局园林绿化科、市政设施科、环境卫生科，新设综合管理科、业务指导科，原执法监督科调整为政策法规科（加挂行政审批科牌子），原户外广告和招牌设置管理科调整为户外广告管理科，办公室、计划财务科、人事科、监察室等科室保持不变。

直属单位：落实属地管理要求，下放作业事权，采取撤销一批、合并一批、保留一批、建立一批的方式，将原有的市级城管执法、市政管养、环境卫生、园林绿化等四大行业15个直属事业单位精简优化至5个，保留副县级的市城管监察支队并调整相应执法职责和权力；组建副县级的市城管监督指挥中心负责全市数字城管运行和监督考核工作；合并市政设施和环境卫生管理职责，成立副县级的市市政环卫处；加强城区隧道和大型桥梁的安全管理，组建市桥梁隧道管理处；强化固体废物和危险废物集中处置，成立市固废处置管理中心。

县市区：强化城区政府在城市管理中的主体作用，赋予城区人民政府更大的城市管理权限。各区单设城管局和城市监察大队、市政环卫处等区城管直属单位，与市级机构设置保持一致。明确执法主体地位，各区城管局加挂城管执法局牌子，确保执法合法性。8个县市全部单设城管局，实现了"建管分离、建管并重"。秭归、兴山、城区各区等地成立县区级城管委，合力管理局面初步形成。

2. 人员编制调整

按照"人随事走,以事定编"的原则,同步推进市区两级人员编制划转和。市级2139名城管干部职工,整体划转到园林部门759人、下放到各区814人,下放划转比例达74%。

市局机关:行政编制和单位领导职数维持不变,其中行政编制24个,领导职数6个。

直属单位:保留在岗职工205人、离退休职工328人。其中,市城管监督指挥中心定编60人,实际到位47人;市城市管理监察支队定编41人,实际到位42人;市市政环卫处定编32人,实际到位32人;市桥梁隧道管理处定编37人,实际到位37人;市固废处置管理中心定编48人,实际到位47人。

参考文献

[1]罗亚蒙等:《和谐城管》,人民日报出版社2010年版。

[2]杨戊标等主编:《中国城市管理研究:以杭州市为例》,经济管理出版社2005年版。

[3]熊文钊主编:《综合行政执法体制研究》,法律出版社2012年版。

[4]姚永玲:《城市管理学》,北京师范大学出版社2008年版。

[5]康少邦等:《城市社会学》,浙江人民出版社1986年版。

[6]李琪:《新世纪中国特大城市公共行政管理,以上海为个案的研究》,文汇出版社2003年版。

[7]徐林:《城市管理:问题体制及政策》,浙江大学出版社2012年版。

[8]姜杰:《城市管理问题聚焦》,山东人民出版社2009年版。

[9]杨立勋:《世界先进城市管理研究》,中国社会科学出版社2009年版。

[10]张国庆:《"十一五"期间北京城市管理的观念、体制、机制研究》,北京大学出版社2010年版。

[11]关保英:《行政法的私权文化与潜能》,山东人民出版社2003年版。

[12]姜明安:《行政执法研究》,北京大学出版社2004年版。

[13]唐华:《美国城市管理——以凤凰城为例》,中国人民大学出版社2006年版。

[14]王敬波主编:《城市管理与行政执法——理论、实务、案例》,研究出版社2011年版。

[15][法]孟德斯鸠:《论法德精神》,张雁深译,商务印书馆1961年版。

[16][美]迈尔金斯:《多中心治理与发展》,三联书店1999年版。

[17][荷兰]曼纳·彼得·范戴克:《新兴经济中的城市管理》,姚永玲译,中国人民大学出版社2006年版。

[18]刘业进:《推进城市化和城乡统筹发展的几个观念辨析》,载《中国行政管理》2011年第12期。

[19]冯江南:《一种新的管理思想、体制和方法——目标管理》,载《求实》

1987年第4期。

[20]戴恩明、王胜:《标杆管理及实施问题初探》,载《经济工作导刊》2003年第5期。

[21]姜爱林、任志儒:《网格化城市管理模式研究》,载《现代城市研究》2007年第2期。

[22]杨解君、张黎:《法治视野下的城管综合执法体制研究》,《南京工业大学学报(社科版)》2009年第4期。

[23]杜黎明:《明确城管的法律地位》,载《中国建设教育》2009年第4期。

[24]张尚仁:《行政职能、功能、效能、效率、效益辨析》,载《广东行政学院学报》2003年第2期。

[25]熊文钊、刘华:《社会秩序局:综合行政执法管理体制的完善途径,基于对北京城管的调查》,载《北京行政学院学报》2009年第2期。

[26]曲华林、翁桂兰、柴彦威:《新加坡城市管理模式及其借鉴意义》,载《地域研究与开发》2004年第6期。

[27]郑小明:《美国凤凰城城市规划及建设管理的三个层面——理念层面、法律层面、操作层面》,载《规划师》2000年第3期。

[28]饶会林、董藩:《加快城市管理人才的培养》,载《城市管理与科技》2002年第3期。

[29]李丽:《城市管理长效机制研究》,苏州大学硕士论文2010年。

[30]韩佳佳:《我国现代中等城市的管理体制研究》,浙江大学硕士论文2012年。

[31]孙长虹:《现代城市管理人本模式研究》,吉林大学博士论文2009年。

[32]Meine Pieter Van Dijk, *Managing Cities in Developing Countries: Urban Management in Emerging Economics.*

后　　记

　　城市是社会经济发展的产物,是区域人口和经济、社会、文化设施高度集中的地域,是政治、经济、社会活动高度集中的场所,同时又是社会经济发展历史过程的体现。城市管理对城市经济社会发展具有基础性的作用,是衡量城市发展水平的重要标志。

　　正是基于宜昌城市管理在省内乃至全国具有一定的代表性,我们选取宜昌为蓝本进行分析。宜昌正在建设现代化特大城市,这为宜昌的经济社会发展带来了千载难逢的机遇。城市的飞速发展不仅给政府,也给社会公众带来了许多发达国家都没有遇到的新情况、新问题,这就要求我们在立足国情、立足地方的基础上,探索适合本地方的城市管理体制机制、管理模式和管理方法。

　　本书的撰写体现了理论与实践相结合的原则,也是落实贯彻高等学校与社会主体协同创新、服务地方经济社会发展的重要体现。本书最初的思路得益于宜昌市人民政府法制办公室主任熊文斌先生的点拨,让我们鼓起勇气开展这一课题研究;宜昌市城市管理局王长益副局长鼎力支持,不仅在百忙之中为我们答疑解惑,还亲自撰写"第五章 宜昌城市管理的突出成效"部分。宜昌市城市管理局政策法规科(行政审批科)王孝兵科长和乔裕峰同志为我们提供了大量珍贵的资料,并多次在繁忙的工作中抽出宝贵时间与我们畅聊课题,为我们答疑解惑、指点迷津,丰富了我们的写作思路。另外,宜昌市伍家岗区城市管理局办公室陈瑾女士也热心帮我们搜集、提供宝贵资料,在此一并表示谢忱!

　　本书的编写历经了整整一年时间。一方面说明研究这一课题并不轻松,另一方面也说明编写组对这一课题保持着认真谨慎的态度。尽管笔者水平有限,这本书的质量还未尽如人意,但毕竟展示了宜昌这座世界文明的水电之都在城市管理方面的一些有益探索,具有一定的理论意义和实践价

后　记

值。总之,宜昌在城市管理中锐意进取,不断创新,造就了宜昌这座宜居之城,相信未来的宜昌在不断追求建设"全国一流城市"的目标中,一定会迎来更大的发展空间。

由于时间仓促、能力有限,不足之处在所难免,请学界同人和城市管理实践工作者批评指正,以使我们的后期研究能够更上层楼。

本书编写组
2013 年 12 月 6 日于湖北宜昌

图书在版编目(CIP)数据

现代城市管理机制创新实证研究:以宜昌城市管理为例/肖鹏等著.—厦门:厦门大学出版社,2014.3
(三峡大学宜昌市社会管理法治化研究丛书)
ISBN 978-7-5615-5013-7

Ⅰ.①现… Ⅱ.①肖… Ⅲ.①城市管理-研究-宜昌市 Ⅳ.①F299.276.33

中国版本图书馆 CIP 数据核字(2014)第 053494 号

厦门大学出版社出版发行

(地址:厦门市软件园二期望海路 39 号 邮编:361008)
http://www.xmupress.com
xmup @ xmupress.com

沙县方圆印刷有限公司印刷

2014 年 3 月第 4 版 2014 年 3 月第 1 次印刷
开本:720×970 1/16 印张:11.75 插页:2
字数:200 千字 印数:1～1 000 册
定价:35.00 元

本书如有印装质量问题请寄承印厂调换